明末清初那些年

王宏伟 著

中国画报出版社·北京

图书在版编目（CIP）数据

明末清初那些年 / 王宏伟著. -- 北京：中国画报出版社, 2025.4
（历史深处）
ISBN 978-7-5146-2237-9

Ⅰ.①明… Ⅱ.①王… Ⅲ.①中国历史—明清时代—通俗读物 Ⅳ.①K248.09

中国国家版本馆CIP数据核字(2024)第072183号

明末清初那些年

王宏伟　著

出 版 人：方允仲
责任编辑：郭翠青
助理编辑：王子木
内文排版：姚　雪
封面设计：王建东
责任印制：焦　洋

出版发行：中国画报出版社
地　　址：中国北京市海淀区车公庄西路33号　邮编：100048
发 行 部：010-88417418　010-68414683（传真）
总编室兼传真：010-88417359　版权部：010-88417359

开　　本：16开（787mm×1092mm）
印　　张：14
字　　数：185千字
版　　次：2025年4月第1版　2025年4月第1次印刷
印　　刷：三河市金兆印刷装订有限公司
书　　号：ISBN 978-7-5146-2237-9
定　　价：58.00元

出版说明

历史长河,星光灿烂。《历史深处》系列丛书汇集了帝王传记、历史名人以及重要朝代的兴衰历程,带读者穿越时空,纵览历史长河中的璀璨星辰。

本套丛书通过对历史资料的搜集和整理,努力还原历史人物和历史事件,让读者更好地了解历史人物的思想、行为,以及历史事件产生的背景。同时,也通过对历史事件的描述和分析,揭示了历史人物的影响,以使读者更好地理解历史进程和社会变迁。

本套丛书是按照历史脉络来叙述的,综合了各类文献资料,采用了基本的历史事实,讲述的是历史典籍中存在的人物。但在某些事件和场景中,为了使人物形象更加丰满,提升作品的可读性和趣味性,使这套大众读物更具表现力和感染力,作者在创作时运用了一些文学手法,增加了场景的描写、人物心理描写和情感描写。所以,不可避免地会有一些虚构的成分和细节,请读者在阅读的时候予以注意。

前 言

天下之势,盛极必衰,乱极必治,古今之事,概莫能外。

在封建社会中,一个朝代替代另一个朝代,是历史发展的必然规律。在朝代更替的过程中,都有这样一种现象:开国皇帝往往都比较开明,在建国早期都能励精图治,强国富民,立志建立千秋霸业。随着时间的推移,王朝的统治者依次更替,等到了最后的皇帝时,国家已内忧外患,动乱不堪,自秦至清,无不如此。

明王朝自太祖皇帝朱元璋至末位皇帝思宗朱由检,历时二百七十六年。值得一提的是,当初明王朝是朱元璋领导农民起义建立的,而最后也是被农民起义灭亡的。明朝期间,虽然有明君,有"仁宣之治",但各地农民起义还是连绵不断。据载,明朝是历史上农民起义最多的朝代。尽管它创造了中国封建社会史上的第六次盛世,但也避免不了走向衰弱、走向灭亡的命运。

"沉舟侧畔千帆过,病树前头万木春",新的事物必将替代旧的事物。明朝末年,国势急速衰落,君王无作为,诸王叛乱,朋党林立,奸臣弄权,宦官专政,忠良之臣不得重用。在这样的统治下,生灵涂炭,人民处于水深火热之中,无以为生。当年陈胜曾说:"今亡亦死,举大计亦死,等死,死国可乎?"农民没有了退路,自然要拼死一搏,诸多农民起义便应时而生。与此同时,北方铁骑践踏中原,西方列强对中国虎视眈眈,此时的明朝已无力抗衡内患、抵御外敌,终在1644年灭亡。然而李自成领导农民起义军夺取政权之后,完全忘记了自身处境,贪图享乐,将夺得的江山拱手让出,落得个名败身死。

在中国历史中,努尔哈赤是一位很神秘的人物,他靠十三副遗甲起兵,统一了女真各部落,并建立了"后金"政权(1636年皇太极将"后金"改称"清")。虽然他没能亲自入关,却奠定了清朝的基业。然而,在后来的权力争夺之中,他的后代却表现出了前所未有的冷酷与残忍,幽弟杀子,全然没有兄弟之情、骨肉之情,也许这就是人们所说的"宫廷之中无父子",皇权的争斗的确比战争还要残酷。在此后的入关战争中,皇太极坐收渔翁之利,顺治入主北京,之后康熙帝南征北战,内平三藩,除鳌拜,灭义军余部,收复台湾;外剿噶尔丹,征蒙古,御沙俄,逐步统一了全国,开创一代盛世。

本书讲述了从明武宗到明思宗继而到清康熙年间的诸多大事,分为八章,按照事情发展的顺序,结合史料,简洁概括地将明末清初的那些事儿再现出来,并阐述了事情发生的原因,加以评价。为了让读者更好地了解明末清初历史,书中的时间采用了皇帝年号纪年和公元纪年相结合的方式。读史可以明智,知古可以鉴今。相信阅读本书不仅能让你丰富历史知识,而且书中的智慧也定会让你受益匪浅。

第一章　腐败透顶的明末政治 …… 001

　　武宗乱政 …… 002

　　"立地皇帝"刘瑾专权 …… 008

　　奸臣弄权 …… 015

　　徐阶与高拱罢官 …… 027

　　万历朝时的张居正 …… 034

　　万历、天启年间党派之争 …… 040

第二章　风起云涌的农民起义 …… 049

　　正统、成化年间农民起义 …… 050

　　正德年间农民反抗斗争 …… 054

　　天启、崇祯年间农民起义 …… 061

　　明末年间白莲教起义 …… 067

　　张献忠起义 …… 073

　　李自成起义 …… 078

第三章　女真族的崛起与努尔哈赤 089

女真族的崛起 090

智勇双全的努尔哈赤 093

统一大业 097

努尔哈赤之死 105

八旗的创建 117

第四章　汗位之争 123

储位之争 124

皇太极巩固政权 130

松锦之战 141

第五章　无力回天的崇祯 147

时局暂稳 148

崇祯乱中求治 153

两难境地 158

崇祯之死 164

第六章　清兵入关 167

短暂的皇帝梦 168

入主北京 176

血腥暴行 181

第七章　康熙大帝开启盛世 …… 183

　　康熙继位与四臣辅政 …… 184

　　智擒鳌拜 …… 185

　　统一战争 …… 191

　　休养生息，发展科教 …… 202

第一章

腐败透顶的明末政治

明朝末年,朝政腐败,昏君无为,穷奢极欲。奸佞之臣肆意妄行,忠良之臣屡遭残害,加之宦官专权,朋党林立,举国上下暗无天日。各地官绅、强取豪夺,搜刮民脂。人民生灵涂炭,常处于水深火热之中,苦不堪言。上无治国之明君,下无安民之良臣,在这腐败透顶的统治下,会有怎样的血雨腥风呢??

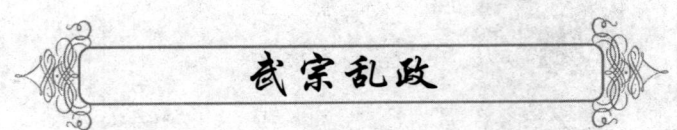

明武宗朱厚照即位后,大肆排挤托孤重臣,荒淫无度,终日不理朝政。正德二年(1507年)八月,武宗在刘瑾等宦官的蛊惑下,开始修建豹房,整日纵情玩乐,甚至借出巡之名,广招各色女子以供其玩乐。正德七年(1512年),武宗又令扩建豹房二百多间,耗银数万两。武宗的怠政加之大肆挥霍,致使国库虚空。正德十六年(1521年),穷奢极欲的武宗暴死在豹房,至此,他十几年荒淫透顶的统治结束了。

荒淫无度的武宗

正德二年(1507年),在刘瑾的建议下,武宗在西安门外大兴土木,修筑了一座很特别的宫殿。殿堂两厢并排建造了许多密室,从外望去,殿宇回廊鳞次栉比,就像豹子的花纹一样,所以取名为"豹房"。武宗每日都待在豹房之中,从不想着要回宫,并把这里称为自己的"新宅"。很快,朝中许多献媚取宠的势利小人聚集于此,其中最无耻的要算锦衣卫都督同知于永。于永是回族人，很快就得到了武宗的赏识，不但白日一起寻欢作乐，而且晚上也同床共寝。于永向武宗大谈回族女子皮肤白皙，美貌丽质，非中原女子所能比拟，武宗果然垂涎欲滴。于永意识到这是讨好圣上的好机会，立即献上十名能歌善舞的回族女子，于是通宵达旦，豹房之中歌舞不断。很快武宗传旨，令全国各路诸侯王公搜罗回族妇女，以教授歌舞的名义将她们送进豹房，挑选姿色动人者留在皇帝身边。一时间无数的回族美貌女子齐集豹房，武宗终日在这里无拘无束地恣意享乐，这实在比宫廷中枯燥无味的生活更能让武宗满足。

　　武宗喜好声色，每天张灯结彩，若是到了喜庆节日，宫中更要灯火通明，五光十色，花样翻新。每年皇家府库内的黄蜡都供给不上，仅这一项开支居然就达黄金十万两。宁王朱宸濠了解皇帝的脾性，更是投其所好，召集能工巧匠，赶制了四时花灯数百盏，花灯穷极奇巧，令人目不暇接。武宗大喜，连忙命人点燃花灯张挂。武宗率亲信徜徉灯海，竟夜遨游。

　　正德九年（1514年）正月，由于花灯失火，乾清宫被烧个精光。大火燃起时，皇帝恰好在从豹房归来的途中，见火焰把夜空照得通亮，没有丝毫反省、惜物之意，反而觉得十分有趣。此间，武宗受宦官江彬等人的诱惑，出外到宣府游玩。宣府本是江彬的家乡，之前，江彬早已暗中安排家属亲信在此地预先建造了镇国府邸：高楼深院，廊檐环抱，比起皇城宫阙来也毫不逊色。江彬很快又把京师豹房中的美女、珍宝陆续运来，武宗便以此为家，全然不理朝政。每当夜色降临，江彬陪着武宗穿过大街小巷，见到大户人家便闯进去寻欢作乐。天子驾临，乡民免不了要供奉酒食，一旦发现有姿色的妇女，武宗就要强行留宿。

　　正德十二年（1517年），武宗西巡大同，又大索女乐于太原。在召至御前的一大批美女乐妓之中，武宗一眼就发现了刘美人的惊人美色，而且还听闻她能歌善舞。武宗召她当场演奏，刘技压群芳，武宗大喜。

细加询问之下，才知道这个刘美人是太原乐工刘良的女儿，后来嫁给了晋王府的乐工杨滕为妻。武宗巡幸完毕，又从榆林返回，仍对刘美人念念不忘，再次召见宠幸她，愈加觉得难舍难分，于是把她带回京师。从此，这位美人就留在了武宗的身边，日夜相伴。后来，宁王朱宸濠反，武宗不顾群臣反对，决定亲自率兵去征讨。他先把刘美人移居通州，和她约定，武宗带兵先行，再派人返回来接刘美人随驾同行。临别之际，两人柔情蜜意，难舍难分，刘美人取下一簪，送给武宗，作为凭信，并半娇半嗔地约定说："见簪后前往相聚。"武宗将簪藏在衣中。但武宗在过卢沟桥时，纵马驰奔，簪子不慎失落。武宗吩咐近侍随从四处寻找，几天几夜，毫无踪影。

武宗驰奔临清州，途中便宣召刘美人南行。中使传旨，刘美人不见信簪，辞谢说："不见簪，不敢前往。"武宗见刘美人心切，没有办法，便独自乘舸昼夜兼行，直奔张家湾，亲自迎接刘美人，刘美人这才和武宗一同南行。随驾而行的大小官员早上起来发现皇帝不见了，谁也不知他返回京城去接刘美人了。

武宗还酷爱行军打仗，在位期间，曾多次御驾亲征。据载正德十二年（1517年），曾屡犯边疆的鞑靼小王子伯颜又率领五万骑兵入侵，围困明朝的一营官兵。得知此事，武宗决定御驾亲征，借机体会一下战争的实况，并检验几年来练兵的成效。此举虽然遭到了大臣们的反对，但一意孤行的武宗还是出了居庸关，并不让任何文官跟随。就这样在随后的四个月中，北京的大臣和皇帝几乎完全失去了联系，送信的专使虽然送去了很多奏章，但只带回极少的御批。

武宗一生做下荒唐事无数。一天，他来到太监张阳的家中，张阳特地准备了大船邀请皇帝泛舟观景，武宗看到水中渔夫张网捕鱼，顿时也跃跃欲试。第二天，他悄悄带着几个小太监，亲自划着小船驶入积水池。当时已是深秋，武宗站立船头，刚刚把网撒开就失去了平衡，连人带网落入水中，后来虽被太监救起，但受了风寒，一病不起。

虽然太医们尽心治疗，可还是没有挽回武宗的性命。正德十六年（1521年）三月，武宗呕血死于豹房，年仅三十岁。

排挤托孤重臣

据说，当年张皇后夜梦白龙入腹而后生下朱厚照，巧合的是朱厚照的生日也很特别，他的出生年月日时用干支表示正好是：辛亥年甲戌月丁酉日申时。按照时、日、月、年的顺序读恰好与地支中的"申、酉、戌、亥"的顺序巧合，在命理上被称为"贯如连珠"，是大富大贵之兆。

朱厚照自幼聪明过人，但因孝宗的溺爱，朱厚照从小不爱读书，却好飞鹰走狗，骑马射箭，尤其热爱行军打仗。弘治十八年（1505年）五月十八，在文武百官的拥戴下，一个十五岁的顽童，御殿登基皇位，这便是明武宗朱厚照，年号为"正德"，武宗在历史上是个出了名的荒唐昏庸之君。武宗是明孝宗的独生子，年仅两岁便被立为太子。孝宗怕太子的顽劣天性会败坏朱家的天下，故在弥留之际，将年幼的太子托付给得力的宰辅——内阁大学士刘健、谢迁等人，请他们精心辅政，并好好教导未成年的太子。然而，武宗即位后，一意孤行，纵情玩乐。在他的身边虽有良臣辅佐，但他并不信任他们，更宠信的是号称"八虎"的八个宦官，这"八虎"就是刘瑾、魏彬、谷大用、丘聚、张永、马永成、高凤、罗祥八位近侍。他们从小陪伴武宗长大，日夜诱导武宗游戏骑射，作威作福、为非作歹，因此被称为"八虎"，也被称为"八党"。

在这八人当中，以刘瑾最为狡猾阴险。刘瑾是陕西兴平人，原本姓谈。景泰年间入宫之后，便投到太监刘顺的名下，改姓刘。刘瑾学识不错，口才更是了得，在明孝宗时就与谷大用等七人一起侍候武宗，深得武宗的喜爱。

"八虎"千方百计用各种游戏诱导武宗荒废学业，日夜游乐，朝臣见武宗日益放纵，而且不知省改，都深以为忧。

顾命大臣大学士刘健常教导他"应勤奋学习，打理朝政，不要荒废不学"。武宗虽当面听从，但只要被宦官包围，便沉溺于玩乐之中。

朱厚照像

正直的大臣遭冷落，诱惑他的宦官被当作心腹，尤其是刘瑾，因博得武宗欢心，被升为内宫监太监，进而总督十二团营，掌握了守卫京城军队的兵权。宦官们上的奏章，武宗竟然事事依从，按照他们的意愿做出批示。刘健、谢迁等人想按照孝宗的遗诏，剔除先朝留下的积弊，但由于这些方案直接侵犯了宦官们的利益，章疏奏上，随即被篡改，结果积弊不仅没有剔除，反而有所扩大。例如，京城及地方上的宦官本该尽早裁汰，但这些人非但没被裁，各宦官衙门、仓库、城门及各地镇守的宦官数量反而暗中增加。刘健等人虽受命于先帝，辅佐朝政，但实际上徒有虚名。

吏部尚书马文升，在武宗继位后不久，曾裁汰了一些传奉官，宦官们便撺掇武宗重用他们所点名的七个人。马文升因不同意任用，被诬以抗旨的罪名，于是，马文升便请求告老还乡。当时，给事中陶谐、户部尚书韩文等人正接连上奏章揭发宦官的恶行，刘健、谢迁等极力支持，并率领文武百官跪在朝前，指责刘瑾为首的宦官"唯知蛊惑君上，以便私己"，对皇家天下的兴乱毫不关心。刘健等人进一步指出，宦官祸国已有前例，若不赶快治理，一定会祸国殃民的。由于言辞激烈，武宗看到章疏后乃至"惊泣不食"，立刻传司礼监太监，到内阁议事。武宗提出将刘瑾等安置南京，刘健、谢迁则想杀掉刘瑾以根除后患，他们委托宦官中少有的正派者王岳向武宗说："先帝执手托孤，若不诛除惑乱朝政的八人，我们无颜见先帝，对不起皇上呀。"王岳平日里也恨刘瑾等人，便将刘健、谢迁的要求禀告武宗。没想到，消息走漏，刘瑾闻之大惊，连夜去见武宗，为表示对主子的忠诚，他以头触地，与亲信一起环跪在武宗周围哭求。武宗心动，刘瑾乘势告了王岳一状，诬陷王岳不但要害他们，而且借司礼监之权，控制皇上的日常生活。武宗听后大怒，立即下令将王岳逮捕，发配南京，命刘瑾掌司礼监。刘瑾为除后患，在半途中秘密将王岳杀害。刘健、谢迁等次日上朝，原准备力争诛杀刘瑾，但见形势已不能挽回，便请求告老还乡。刘瑾等唯恐除之不速，于是假借皇帝谕旨，允准二人回乡，刘健、谢迁等人诛除"宦党"的活动遂以失败告终。

　　武宗继位仅一年的时间，宦党便壁削①了朝廷，孝宗托孤之臣，多被排挤回乡。

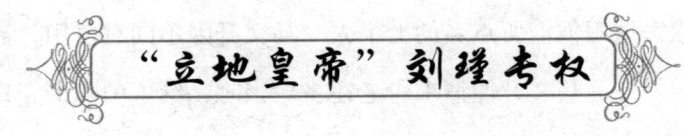

"立地皇帝"刘瑾专权

"立地皇帝"呼风唤雨

　　通过这次风波，刘瑾不仅除去了异己，而且大权稳操，在朝廷重要机构中，他都安插了自己的死党，侦缉持不同政见之人，大搞特务统治。在明代成化年间，明宪宗曾经在东厂之外另设西厂，后因为朝野反对，被迫撤销。后来刘瑾不但恢复了西厂，还在锦衣卫、东厂、西厂之外，另行

① 壁削（xiāo）：用刀去削掉。

第一章 腐败透顶的明末政治

设立一个大内办事厂，即内行厂，由其亲自统领，不仅监视锦衣卫，连东厂、西厂都受大内行厂的监视，比东厂、西厂更为酷烈。孝宗以前厂、卫分立，相互牵制制衡，而到了武宗统治时期，东厂首领丘聚、西厂首领谷大用、锦衣卫指挥史石文义，全都是刘瑾的死党，以致厂卫合势，特务遍天下，使得官吏军民谈虎色变，视宦官如虎狼。

刘瑾首先对曾经参劾他的宦官王岳、徐智等人下毒手，派特务刺杀了他们。南京给事中戴铣、御史蒋钦等人上疏力谏，奏折上面写有"元老不可去，宦竖不可留"等话，引得刘瑾勃然大怒，于是戴铣、蒋钦都被刘瑾派爪牙抓到北京，戴铣被当场打死在大堂之上，蒋钦坚贞不屈，惨死在狱中。兵部主事王守仁（即著名的明代哲学家王阳明）见刘瑾不择手段陷害忠良，愤然上书，痛斥刘瑾误国欺君、为非作歹，刘瑾看后，矫旨逮捕了王守仁，施以酷刑，然后将其贬为贵州龙场驿驿丞，并派人在途中暗杀王守仁。最后王守仁被迫制造在江边自杀的假象，然后隐姓埋名才算脱离了魔掌。

为震慑百官，刘瑾假借武宗的名义发敕书，将刘健、谢迁等五十三人定为"奸党"，张榜公示于朝廷，以此来打击上书的言官，从而制造了明朝一大冤案。所谓的"奸党"多半被逮捕入狱，施以酷刑。刘瑾为惩治反对他的官员，还别出心裁地违制新的刑具。明律规定套在犯人脖子上的"枷"，最重不得超过十三公斤，刘瑾发明的枷竟然重达七十五公斤，不少官员被活活"枷"死。武宗贪玩好动，不理朝政，将臣下奏章转交刘瑾代为处理，以至于有的王公大臣上奏，先把复本交给刘瑾，再将正本交给朝廷，刘瑾成为事实的最高权力拥有者，权势如日中天。

刘瑾在排除异己的同时，极力扶植自己的势力，奸猾之徒纷纷投靠刘瑾，借阉党之势，青云直上，作威作福。刘瑾还趁机敲诈勒索，收受贿赂。地方大员到京都朝见，怕刘瑾找麻烦，先得给刘瑾送礼，一次就送两万两银子。有的大臣进京的时候没带那么多钱，不得不先向京城的富豪借高利贷，回到地方后再偿还，当然，这笔负担全转嫁到老百姓身上了。刘瑾一手遮天，甚至卖官鬻爵，一次从刘宇手中就接受黄金一万两的贿赂，当即提拔刘宇为兵部尚书。有些大臣因没钱行贿，不仅乌纱难保，甚至还会大祸临头，被迫自杀。阁臣焦芳是刘瑾最得力的走狗，他为了取代谢迁，卖身投靠刘瑾，以学生自居，对刘瑾直呼千岁，最终得任尚书并授文渊阁大学士，与刘瑾互为表里，作恶甚多。刘瑾为了扶植同党，大批提拔投靠之人，委派的官吏数不胜数。都指挥使以下的官员请求升迁者，只要投靠到刘瑾门下，刘瑾写一张纸条，上书他想授官的人名字及所授官职，吏部当即照准。刘瑾用这种方式，使自己的党羽遍及天下，势力无所不及。

正德三年（1508年）的一天，武宗早朝完毕，驾车回宫，在御道上发现一封匿名的揭帖，帖中历数刘瑾几大罪状。武宗看过之后倒没什么反应，但刘瑾看后咬牙切齿，立即矫旨将朝中的文武大臣尽行拘到奉天门外，让他们跪在烈日之下，命令百官交出写揭帖之人。时值盛夏，文武百官头顶烈日，一跪就是一天，三百多人之中半数以上中暑，十几人昏倒，三人死亡。当晚，刘瑾又把自己信不过的官员关进锦衣卫诏狱，直到查出写揭帖乃是宦官所为，才将朝臣放归。

刘瑾虽为宦官出身，但在他专权期间却禁止其他太监干政，限制宦官权力。他的亲信都是外臣，如内阁学士焦芳、刘宇、曹元，尚书毕亨、朱恩等，并无一个宦官，这种独特的专政方式遭到了内廷嫉恨，揭帖事件实际上就是宦官不满情绪的一种表现，也是刘瑾倒台的原因之一。

刘瑾伏诛

明代内阁大臣的建议是写在一张纸上，贴在奏章上面，叫作"票拟"。皇帝用红字做批示，称为"批红"或叫"朱批"。按照规定，皇帝仅仅批写几本，大多数的"批红"由司礼监的太监按照皇帝的意思代笔。后来决策权落到了刘瑾手里，而且他又掌握了权力无边的内行厂这个警察与安全保卫机构，所以上自中央内阁、六部诸衙门，下至司法与军事各机关、地方政府，全都有刘瑾的心腹，这就使刘瑾大权独揽，"不复知朝廷矣"。刘瑾凭借着这些权力，为所欲为，他可以一次裁去内外官员五百八十余员，可以随意撤销河南、山西、山东、蓟州、郧阳、苏松、保定、云贵、凤阳等地的巡抚建置，将朝廷亲命的巡抚换成镇守太监。他的意志就是法律，治罪没有轻重，一般都是"决杖永远戍边"，而且常常把犯人"枷号发遣"。没几年的时间，便杀死数千人。刘瑾的喜怒和纳贿甚至可以决定官吏的职位高低，因此，刘瑾在当时人的眼里被看成是站在武宗身边的"立地皇帝"。

刘瑾的专权天怒人怨，最终也因此丢了性命。刘瑾派他的同党到各边塞大举清丈屯田，苛刻搜刮，引起边军骚乱。宁夏庆王府的安化王朱寘鐇重演老祖宗明成祖的"靖难"之剧，在正德五年（1510年）五月发檄文声讨刘瑾的罪行，并以"清君侧"的名义，举起了造反的大旗。当地巡抚将安化王的檄文和反叛的消息火速驰报朝廷，但刘瑾将檄文压了下来。刘瑾安排都御史杨一清、提督京营太监张永为总督，率领京军征讨。京军六到，地方官仅用十八天的时间就平息了叛乱。张永和马永成虽然都属"八虎"，但刘瑾在掌握大权之后，对他们却是不管不顾，还想把张永挤出北京，因此在得到安化王的檄文后，张永就决心和杨一清一起除掉刘瑾。

张永上奏朝廷平叛报捷，说平息了叛乱，拟于中秋节献俘。刘瑾传旨往后延几天，张永怕出现变化，便提前将安化王押解到了北京。献俘完毕，武宗让刘瑾等人陪席，设宴犒劳张永。夜阑酒酣，刘瑾离席回到内值房（豹房的值班室）。张永借机让武宗看了安化王的檄文，并且数说刘瑾十七条罪状。武宗当时喝得有几分醉意，点头说："这奴才真是不知好歹！"张永说："皇上，千万不能耽误啊！这是生死攸关的大事呀！"这时，马永成等几个平素与刘瑾有矛盾的太监一齐进来将刘瑾的恶事一一数说，把他说成一个意图不轨、阴险毒辣的野心家。武宗听了，心中便没了分寸，即刻带了四个长随（保镖）到值房把刘瑾抓了起来，关在东华门内的菜厂里，又派人去查封刘瑾的私宅。

第二天，武宗下了一道谕旨，决定把刘瑾发往凤阳闲住，降为奉御，刘瑾变乱的成法一律改正恢复。

张永见皇上并没有处死刘瑾的意思，便在正德五年（1510年）九月十五日鼓动武宗亲自驾临刘瑾的私宅。眼前的情景着实把武宗吓了一跳：堆积如山的金银珍宝，伪玺一颗，"穿宫牙牌"五百件。刘瑾常常拿在手中的扇柄，竟藏有两口利刃，衣甲、弓弩更是数之不尽。武宗怒道："真是谋反呀，刘瑾这个该死的奴才！"于是刘瑾被定了十九条大罪，凌迟处死。

第一章 腐败透顶的明末政治

宁王叛乱

洪武二十四年（1391年），朱元璋封他的第十七个儿子朱权为宁王。两年后，朱权在大宁任藩王。靖难之役中，燕王朱棣用计策要挟朱权迁往北京，后把他的封地给了朵颜三卫，永乐元年（1403年）改封南昌。正统十三年（1448年），朱权死，他的孙子朱奠培继承了职位，天顺年间因为获罪而被革去护卫一职，改为南昌左卫。弘治四年（1491年），朱奠培死，其子朱觐钧嗣位。弘治十年，朱觐钧死去，他的儿子朱宸濠嗣位。朱宸濠于正德十四年（1519年）六月发动叛乱。

早在刘瑾专权之时，朱宸濠就心怀不轨，经常贿赂刘瑾。正德二年（1507年）五月，在刘瑾的帮助下，他恢复了护卫之职。朱宸濠招纳一些江湖术士，他们声称知"天命"，说他有皇帝之相。术士们称南昌城东南角有天子气，朱宸濠就派人在那儿建了一座书院，取名阳春书院。由于这些江湖术士的怂恿、献媚，朱宸濠的野心进一步膨胀。刘瑾垮台后，朱宸濠的护卫一职又被削夺了，朱宸濠便想方设法恢复护卫职务。正德八年（1513年）十一月，与朱宸濠来往甚密的陆完被升为兵部尚书。陆完曾为江西按察司，于是朱宸濠极力拉拢他，说："陆先生将来一定会高居公卿之职。"陆完亦有心依附朱宸濠，两人就互通书信，为朱宸濠恢复护卫职务积极谋划。当时武宗所宠爱的伶人臧贤的女婿司钺任南昌卫，朱宸濠就通过司钺同臧贤挂上了钩，同时私下里同武宗的亲信钱宁、张锐等人勾结。在他们的合力帮助下，宁王朱宸濠于正德九年（1514年）三月恢复了护卫职务。

朱宸濠在职期间抢夺土地，收敛钱财，蓄盗抢劫，强抢民间女子，就连官府也不敢过问。与此同时，朱宸濠自正德九年（1514年）起自称为王，称护卫为侍卫，改令旨为圣旨，下令下臣们一律穿朝服觐见，并派人至广东购买皮帐，做皮甲，私制盔甲、刀枪及火器。此外，他还勾结强盗、流亡人员，借向皇上进贡为由，派手下亲信藏在京城打探消息。正德十年（1515年）二月，朱宸濠招举人刘养正入府密谋。

正德十四年（1519年）五月的一天，太监张忠对武宗说："钱宁、臧贤常常称赞宁王，陛下以为如何？"武宗回答："推荐文武百官，使其忠于职守，但推荐藩王是何道理？"张忠趁机说道："他们称颂宁王，是在图谋不轨，反对陛下，陛下难道没有觉察到吗？"武宗遂于正德十四年（1519年）派遣驸马都尉崔元、太监赖义、都御史颜颐寿等前往江西调查朱宸濠，并革除其护卫职务，同时，"诏发兵大索宸濠侦卒于臧贤家"，朱宸濠闻知立即谋反。

提督南赣都御史王守仁当时正在江西，于是带兵征讨朱宸濠。他早就察知朱宸濠的反叛阴谋，叛乱一发生，他就传令各县派兵前来会剿。王守仁集中优势兵力，避开朱宸濠的主力，直捣其老巢南昌。正德十五年（1520年）七月二十日，将其首领活捉，安定民心。朱宸濠围攻安庆，久攻不克，闻知南昌失守，马上掉头西上，王守仁集中精锐迎敌。二十四日，宁王叛兵在黄家渡大败，晚上宁王军船停泊在黄石矶，朱宸濠下属有人报告说"王石矶"，他误以为说"王失机"，立即将其杀害。次日，宁王又败，退保樵舍（今南昌东北方向），联舟为方阵。二十六日，王守仁指挥士卒以火相攻，朱宸濠大败，士兵和嫔妃们死伤惨重，朱宸濠及世子、郡王、仪宾，并李士实、刘养正、王纶、吴十三、凌十一等都被活捉。

正德十五年（1520年），武宗在南京进行了受俘仪式后将朱宸濠囚禁。十二月，回南京行到通州时，武宗下令将朱宸濠烧死，骨灰撒落荒野，回南京后又将其同党施以磔刑，宁王叛乱彻底被剿灭。

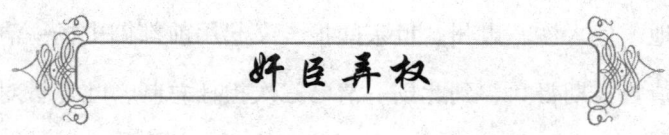

野心膨胀

明嘉靖时，内阁首辅大臣张璁因在"大礼仪"之争①时，在关键时刻帮助了明世宗，因此世宗对其宠爱有加。随着议礼斗争的深入，世宗对张璁的宠信也愈加明显，张璁、桂萼等人的势力进一步膨胀。正德十六年（1521年），世宗越发宠信张璁，采纳他的建议，定了兴献王的尊号。张璁则仗着皇帝宠爱，与廷臣为敌，而举朝士大夫皆切齿痛恨张璁等人。

由于获得了世宗的宠信，张璁的政治野心进一步膨胀，他更加急于扩张势力，但遭到大学士费宏的压制，于是与桂萼连章攻击费宏。嘉靖六

---

① "大礼仪"之争：明武宗没有直系子孙和亲兄弟，死后由谁继位皇帝在朝廷中引起了争论。虽然最后拥立兴献王朱祐杬的长子朱厚熜（即明世宗）继位，但为了确定朱厚熜父母的称号，朝内展开了大争论，史称"大礼仪"之争。

年（1527年）二月，张璁等人攻击费宏、石玡缶等，最终导致费、石同日罢官。

世宗继承皇位后，曾将兵部尚书王琼打入监狱，谪戍玉林。后任彭泽为兵部尚书，陈九畴为佥都御史，巡抚甘肃。陈九畴到甘肃后，正遇上吐鲁番酋长满速儿带兵侵入，陈九畴督兵力御，打败了满速儿，然后驱兵追至肃州，又与肃帅总兵官姜奭夹击，吐鲁番酋众败退，自兰州折还。人们谣传满速儿已经战死，谁知过了两年，满速儿又派兵攻打牙木兰，以哈密为根据地，侵入沙、肃州。世宗闻报，又起用前都御史杨一清，总制三边。杨一清曾长期督兵，到此杨一清已三次担任总制，吐鲁番对他非常畏惧，现在听说他又总制边关兵马，侵掠之心稍敛。杨一清经朝廷同意，先将他们招安，夺回哈密城。既而杨一清奉召入阁，以尚书王宪代印。王宪仍沿用杨一清办法，遣使往谕吐鲁番，要求其首领悔过伏罪，归还哈密，但满速儿置之不理。

大礼议事件后，内阁首辅杨廷和被迫辞职。杨廷和与彭泽、陈九畴平时关系甚密，议礼时，彭泽也附同杨廷和联名抗奏。杨廷和既去，彭泽也待不下去了。张璁、桂萼非常仇视杨廷和，恨不得将其同党全部根除。

当吐鲁番再据哈密后，张璁感到机不可失，于是上书道："哈密不靖，自彭泽赂番求和始。彭泽复用，杨廷和引党集权始。今日人才，除王琼外，无人可安西鄙。"于是世宗任命王琼为兵部尚书，代王宪总制三边。王琼被召，即上书说满速儿并没有死，是陈九畴谎报军情蒙骗皇上；又称金献民伙同陈九畴一同欺骗皇上，都应治他们的罪。他的奏折本来就言辞激烈，张璁、桂萼两人又火上浇油，自然激怒世宗。世宗于是将陈九畴发配边疆，削夺金献民、彭泽原官。

张璁罢而复任

张璁、桂萼被重用后,原有阁臣先后罢官。御史吉棠请征还三边总制杨一清,想以此减弱一下张、桂势力。杨一清刚刚上任不久便和张、桂产生矛盾,难以合作共事。给事孙应奎,上疏弹劾张璁、桂萼,请皇上辨别忠奸,核定去留。和孙应奎官职相同的王准、陆粲也劾奏张璁、桂萼:"引用私人,日图报复,威权既盛,党羽复多,如果不及时处置,恐怕将来江山社稷要毁在他们手中。"

看到群臣纷纷劾奏张、桂,世宗心中也有些动摇,无奈之下罢免了张、桂的官职。詹事霍韬曾与张、桂站在同一立场议礼,看到张、桂不保,不免有自危之感,为二人喊冤,而且痛诋杨一清,说他唆使王准、陆粲诬劾张、桂,并说:"臣与璁、萼,都是因为议礼才被重用,璁、萼已去,臣不能独留。"此疏一上,世宗又念及张璁赞礼之功,于是立命召还,反而将王准、陆粲贬官降职。

霍韬见己疏见效,于是再上一疏,弹劾杨一清。世宗会集群臣,商讨杨一清的功过问题,张璁假惺惺地为杨一清求情。经过这番折腾,杨一清感到有失颜面,上疏自动辞职。世宗准予致仕,杨一清即日出都归乡。恰巧此时原太监张永病死,其弟弟张容求杨一清为兄做墓志铭。杨一清与张永是旧交,盛情难却,因此答应下来。墓志铭做成后,免不了收受一些好处。此事偏被张璁闻知,便暗中吩咐党羽报告朝廷,竟使杨一清遭到受赃夺职之罚。杨一清回到家乡,方得知此事,不禁义愤填膺,说道:"我已年迈体衰、告老还乡，竟被小人诬陷，损我一世清名！"由于气愤之至，不到数月，杨一清背上长了一个大毒疮，流血而亡，直至其身故数年，才得以平反昭雪。

桂萼再入阁后，好景不长，上任仅一年多便身患重病，不得不因病乞归，没过多久就死了。唯张璁极蒙圣眷，他因己名与世宗名同音，便主动请求世宗为自己改名。世宗为其改名"孚敬"，字茂恭，御书四大字赐予张璁作为新名新字。事实上世宗名字中的"熜"与张璁的"璁"字并不完全相同，不必忌讳，张璁自请更名，无非是想表现自己，讨世宗欢心。但世宗对此非常高兴，认为张璁忠心可嘉。

张璁权欲熏心，借议礼之机不断向上爬，终于高居首辅，位极人臣。得志后又嫌怨必报，并无容人之量。嗣后又与夏言争宠，相互倾轧，因此留得骂名。但张璁也有其难能可贵之处，那就是持身廉洁，对贪官污吏憎恶至极，所以在他当权时期，贪污受贿之风有所收敛。

排除异己

严嵩（1480—1567），字惟中，一定介溪，祖籍江西。他出身贫寒、天资聪慧，少年时便能吟诗作对。弘治十一年（1498年）考中乡试；十八年（1505年）考中进士，列二甲第二名，选为庶吉士。他入翰林院不久，便初露锋芒，许多士大夫对他的才华都很欣赏。正德二年（1507年），授翰林院编修。不久，以病为由请求辞职，在分宜县境内的铃山隐居读书，长达十年之久。

刘瑾专权期间，由于焦芳的挑唆，对南方士大夫采取排斥的方针，不予任用，特别提出不许重用江西人。严嵩辞官也许并不为此，但他长期养病，可能与朝中排斥江西籍官僚有间接的关系。

正德十一年（1516年），严嵩还朝复官。刚开始，严嵩对朝政多持批评态度，他多次提到，正德年间，天下百姓所以疾苦，都是因为逆竖妖僧。对于武宗的其他许多做法，他也持批评态度。关于运楠木北上，他写道：今湖南向朝中运楠九千株，用水路运输，楠树最大的有丈余粗，五十尺长，是天下最大的树，一棵楠树从砍伐到运至京城，要耗费很大的人力物力。

嘉靖二十一年（1542年），首辅夏言被革职，严嵩任太子太保、礼部尚书兼武英殿大学士，这是他经历第一场重大斗争所取得的结果。

嘉靖二十三年（1544年），夏言再次成为首辅，对待严嵩的态度仍像往常一样。他独揽大权，凡是他憎恶的官僚或与严嵩亲近的官僚，一概逐除。严嵩知道世宗宠信夏言，也不敢说什么。严嵩的儿子严世蕃时任尚宝少卿，为虎作伥，横行霸道。夏言想揭发他们的罪过，严嵩父子大为恐惧，跪在夏言面前，久久不起，哭泣谢罪，夏言这才罢了。严嵩知道陆炳与夏言不和，于是与他勾结排挤夏言。严世蕃升任太常少卿后不久，严嵩再加封华盖殿大学士。

夏言彻底被打垮的原因是"复套"事件。嘉靖二十五年（1546年），陕西三边总督曾铣建议收复河套地区，夏言极力支持。世宗本来也赞同此议，对持反对意见的官僚严加斥责。但在朝廷一片"复套"的呼声之中，他又改变立场，提出一系列疑问："不知这次出师是否有利于本朝？"世宗思想的变化给了严嵩一个绝佳的机会。他立刻声称，"复套"之议不当，且借机攻击夏言如何专横跋扈，自己如何谦虚谨慎。夏言、严嵩都以善写青词得幸，但夏言青词常反映军中详情和弊端，世宗阅后气得扔到地上。而严嵩因有宦官通报，尽写一些称赞世宗的话，因此更得世宗宠信。嘉靖二十七年（1548年），世宗命夏言辞职。严嵩又利用掌管锦衣卫的都督陆炳与夏言、总兵官仇鸾与曾铣的矛盾，联合陆、仇二人，诬陷夏言与曾铣结党营私、密谋造反，将他们置于死地。

严嵩既已排挤害死夏言，便装作恭敬谨慎。世宗给严嵩加封上柱国，他便推辞说："尊号不能有第二个人，况且'上'字也不是我们作为人臣随便可以享用的。开国期间虽然设有这一官衔，左相国徐达，是头号功臣，也只封为左柱国，请求陛下免除臣的这个官衔，并立为法令以禁示，这是做下臣的应具备的节操。"世宗很高兴，批准了他的请求，将他升为太常寺卿。

夏言死后，严嵩与仇鸾的矛盾开始激化。仇鸾曾被曾铣弹劾，逮捕下狱。在狱中他拜严嵩为义父，请严嵩的儿子为他起草弹劾曾铣的奏疏。曾铣被杀，仇鸾受宠，不甘心为严嵩制约，就上密疏揭发严嵩与严世蕃的所作所为，这件事引起世宗的重视。嘉靖三十一年（1552年），严嵩失宠，大臣入值，他有四次不曾被宣召，当随同其他阁臣入西苑时，也被卫士阻拦。他回到宅中，与严世蕃相对而泣。幸运的是仇鸾不久病重，陆炳乘机刺探到仇鸾的不轨行为向世宗汇报。世宗立即收回仇鸾的印信，这一打击使仇鸾忧惧而死，皇帝和首辅间的纠葛自然消除，严嵩于是第二次成为首辅。

严嵩相继除去了政敌夏言、仇鸾，独得圣上宠信，但他深知世宗疑心很重，为了保住权位，严嵩对所有弹劾他的官僚都打击报复，轻者被罢官，重者则被处死。严嵩没有别的才略，只会向世宗献媚，骗取私利。世宗自以为自己英武明察，刑杀果断，严嵩因此得以借事激怒世宗，残害别人。大臣张经、李天宠、王忬之死，都是严嵩一手造成的。弹劾严嵩、严世蕃的谢瑜、叶经、童汉臣、赵锦、王宗茂、何维柏、王晔、陈绍、厉汝进、沈炼、徐学诗、杨继盛等都被贬职，叶经、沈炼被冠以其他罪名处死，杨继盛因在张经的奏疏末尾附上名字而被杀，其他严嵩所不喜欢的人都被除掉了。

严嵩的贪污受贿和揽权方法被群臣所议论，虽然一时未起作用，但潜在的影响是存在的。只要世宗由于一点小事对严嵩产生不满，群臣曾经提出的这些重大问题便会促使他早下决心。因此，言官对大臣的弹劾，也是一种形式的较量。在与夏言的较量中，严嵩主要依靠他的谦恭，在与群臣的较量中，他主要依靠对世宗心理的揣摩。

严嵩身死

严嵩的权势空前强盛。他在位时，江右士大夫都称他为父。其后，外省也有投靠他的人。有一件事很能说明其他官僚对严嵩的敬畏："嘉靖三十二年（1553年），倭寇入侵，江南残破，分宜当国想上奏平寇乱。时徐文贞为次相，其子仰斋入都，将谒分宜。文贞害怕他出什么差错，商量了两天两夜，才参谒。分宜无他所问，只问江南倭寇若何。仰斋答云：'势甚猖獗。'分宜不高兴。文贞知之，率仰斋请罪，这才作罢。"

严嵩对严世蕃的宠爱和放纵，史书上都有记载。他称呼儿子东楼，这在明代是绝无仅有的。至于对家人，严嵩也并非一味放纵。有个叫林一新的官僚，任江西佥事，严嵩家仆有不法者，林一新对其加以处罚，后林一新入贺京师，严嵩对他"甚加敬礼"。但由于严嵩的权势过大，他的仆隶也成为士大夫奉承的对象。管家严年，号鹤山先生，公卿"能与鹤山先生一游者，自谓荣幸"。因此，对于严世蕃和严府家人的作为，严嵩当然是负有责任的。

更过分的是，严嵩在世宗面前也渐渐变得傲慢无礼，甚至在各要害部门遍布自己的亲信。世宗因此也渐渐厌恶他了，转而逐渐亲近徐阶。正好徐阶的好友吴时来、张明中、董传策都上疏弹劾严嵩，严嵩便密请世宗追究，将主使之人投入监狱，严加惩治，但都问不出什么来，世宗于是不再追问，徐阶因此得以排挤严嵩。嘉靖四十年（1561年），吏部尚书吴鹏致仕，严嵩指使推荐他的亲戚欧阳必进。世宗讨厌这个人，不同意此事。赵文华违逆圣旨，受到贬职处分，严嵩也无能为力。

这一年严嵩已经八十二岁，或许与年龄有关，他对许多问题不能正常进行思考和判断。他的儿子严世蕃是他的得力助手，但自从严嵩的夫人去世，他就几乎不能再参政。

严嵩的妻子欧阳氏的死使严嵩彻底失去了权势。原来，严嵩虽然机警聪明，能预先揣摩出世宗的意旨，但是世宗所下诏书，很多他都看不懂，只有严世蕃可以一目了然，因此，严嵩多靠其子严世蕃。其妻死，严世蕃因丧服在身无法入直房代拟，时间一久，严嵩手里压了许多诏书没有处理。宦官相继催促，严嵩不得已，只有自拟诏书，因此经常出差错。十一月，世宗所居万寿宫发生火灾，严嵩请世宗暂居南城离宫，世宗因此极不高兴。次相徐阶与工部尚书雷礼上疏建新的宫殿，此举正中世宗下怀，于是将军国大事都交给徐阶管理，而严嵩只处理一些无关痛痒的皮毛小事而已。

后严嵩因罪被革职，回到江西，虽然他曾为家乡父老做过一些好事，但晚年仍落得孤独凄凉的结局。

严嵩离去，世宗又怀念他辅助自己信奉道教的功劳。严嵩知道世宗相信他，便贿赂皇上左右的人，揭发道士蓝道行的骗术，把他关押在刑部，让他供出徐阶。蓝道行不从，便被判了死罪，但不久又释放了。严嵩当初回到南昌时，正好遇上世宗生日，便派道士蓝田玉在铁柱宫设斋醮。蓝田玉善于招引鹤鸟，严嵩向他取得符箓，将它与自己的祈文一起上呈给世宗，受到世宗褒奖。严嵩因此上书说："臣已八十四岁了，而唯一的儿子世蕃和孙子鹄都不在身边，乞请将他们召回臣的身边，使他们能赡养老臣，让臣能安度余年。"但世宗没有答应。

后有人上奏说严嵩的儿子与倭寇勾结，世宗下令林润将他们抓了起来，交给司法部门判了斩刑，严嵩和他的孙子也被黜为民。严嵩独揽大权二十年，溺爱恶子，臭名昭著，人们都将他称为奸臣。其子严世蕃被判犯了大逆之罪，是徐阶在中间起的作用。又过了两年，严嵩由于年纪大，而且体弱多病，最后死于家乡。

海瑞出山

嘉靖、隆庆两朝，外战事不休，内民怨冲天，而皇上更是痴迷于道，朝野间大臣互相倾轧，奸臣弄权，朝廷一派乌烟瘴气。

就在这种腐败的环境中，却出现了一位名扬千古的清官——海瑞。

海瑞（1514—1587），字汝贤，号刚峰，世称刚峰先生。祖籍广东琼州琼山（今属海南），经历正德、嘉靖、隆庆、万历四朝。这时的明朝愈趋衰败,政治黑暗,世风日下。海瑞为官时期则能严于律己,恪守朝廷法令与封建道德规范,不畏权势,敢于直谏,兴利除弊;生活俭朴,不爱钱财。他的言行赢得了百姓的尊敬,有"海青天"之称,为历史上著名的"清官"。

海瑞生于正德九年十二月二十七日(1514年1月22日),出身于"海南望族"。祖父是历届知县,从伯父①曾为监察御史。父瀚,为廪生,读书能明大义,安贫乐道。其母也略识书史,以身作则,言传身教。海瑞四岁时父亲去世,母亲节衣缩食,将他抚养成人。海瑞从小就有报效祖国的愿望,十三岁到琼山县海口镇私塾读书,二十七岁在琼山郡学,常常与志趣相投的学者研究学问,谈古论今。他的《严师教戒》《客位告辞》《训诸子说》等文章,抒发了自己的远大抱负。在这些文章中,他多次写到自己生于天地之间,不能虚度岁月,应当有所作为。他说,人生在世要学圣贤,不做乡愿;不追求荣华富贵,妻妾成群;不羡慕财帛世界,要做中流砥柱;要谦虚谨慎,不骄傲自满。这些肺腑之言充分表现了海瑞一生反对奢侈、主张节俭的高贵品德和刚正不阿、立志为民的思想与性格。这些思想在他青年时代已经形成,并一直伴随着他的一生。海瑞的同乡、门生梁云龙评论说:"第以公之微而家食燕私,显而莅官立朝,质诸其所著《严师教戒》,毫无虚假。"

海瑞任兴国知县一年多,因功被荐,应召入京,但由于母亲不适应北国严寒的天气,留居兴国。

嘉靖四十三年(1564年)十月,海瑞被封为户部云南清吏司主事。中年以后的嘉靖皇帝崇信道教,一意修仙,大兴土木,劳民伤财,刚愎

---

① 从伯父:就是父亲的堂兄。

自用，拒绝廷臣劝谏，使得国势渐衰，人民生活困苦，怨声载道。嘉靖四十四年（1565年）十月，海瑞对当时的种种弊端非常愤怒，为维护封建王朝的统治，冒着触怒龙颜的危险，上疏直谏，严厉抨击嘉靖皇帝，名曰《治安疏》。因该疏主旨为"直言天下第一事，以正君道，明臣职，求万世治安"，故又称为《直言天下第一疏》，这就是当时震惊朝野、被后人所称颂的"海瑞骂皇帝"，也是海瑞一生在政治上影响较大的两件事之一。

此疏一出，海瑞名声大噪，人尽皆知。海瑞想呈上此疏，必触怒世宗，恐被处死，因此买好棺材，遣散僮仆，告别妻子，托人料理后事，毫不畏惧，从容处之，等待着灾难降临。果然不出海瑞所料，世宗大为震怒，当场将奏疏扔在地上，命令左右："赶快把海瑞抓起来，不要让他逃跑了。"宦官黄锦说："海瑞素有痴名，听说上疏时知道自己将是何下场，所以已安排好后事，在朝中听候处置。"世宗听后沉默了片刻，然后又将奏疏看了一遍，被其内容所打动，因此将其留在宫中数月。至次年二月，世宗余怒未消，还是以"骂主毁君，悖道不臣"之罪，下旨逮捕海瑞，打他六十大板，投入锦衣卫狱，后转刑部狱。户部司务何以尚上疏朝廷请求将海瑞释放，世宗命锦衣卫打他一百大板，关进监狱，昼夜审讯。

同年十二月，世宗病逝，第三子朱载垕继位，即明穆宗，次年改元隆庆，颁布遗诏，大赦天下，海瑞、何以尚因此获释。海瑞复官后任户部主事，不久，改为兵部武库司主事。隆庆元年（1567年）二月，升为尚宝司丞。海瑞上疏请求归家养母，遭到了拒绝。四月，升为大理寺右侍丞。内阁首辅徐阶与高拱之间的矛盾日益加深，高拱欲夺徐阶之权，命他的学生、广东道试监察御史齐康奏劾徐阶。海瑞则上疏支持徐阶，说徐阶为首相，朝政渐渐有了转机，有徐阶的功劳，而且徐阶不招权，不纳贿；高拱为人狡猾凶狠，不可信任；齐康捏造无影虚词，颠倒是非黑白，请求罢斥高拱，重治齐康。结果九卿科道合疏挽留徐阶，齐康被发配边疆，高拱也被削职为民，为此，高拱心里一直记恨海瑞。这年冬天，海瑞改调为南京通政司右通政，第二年二月初至南京任上。七月，徐阶致仕还乡，次辅李春芳为内阁首辅。隆庆三年（1569年）春，海瑞升任通政司右通政。六月二十四日，晋升都察院右佥都御史总管粮储军务大事，巡抚应天十府，于是离开京师，南下任江南巡抚，这是海瑞一生在政治上影响较大的另一件事。

此时，与海瑞有宿怨的高拱东山再起，以吏部尚书入阁秉政，从而给海瑞的前途造成了严重的阻碍。吏部见到戴凤翔的奏疏以后，以海瑞"志大才疏"为由，将其应天巡抚的职务罢免。消息传出，江南小民纷纷哭泣哀号，为海瑞鸣不平。隆庆四年（1570年）二月十五日，改为以原官总督南京粮储。当海瑞将赴南京任职之际，高拱又从中作梗。三月二十五日，穆宗诏令罢黜南京粮储都御史职务，以其事归南京户部侍郎兼管。海瑞被迫上《告养病疏》，表示自己的主张，并提出"经过二次弹劾，虽然他们矛头都纷纷指向我，但我仍然相信我所见，坚持我的观点""臣任巡抚，光明磊落，问心无愧，确为民做实事，请皇上勿以臣受到诽谤而轻易将臣罢免"。同时，恳乞"赐臣回籍，永终田里"，皇帝同意了他的请求。

四月，海瑞离开南京回琼山老家。

徐阶与高拱罢官

徐、严之争

徐阶（1503—1583），字子升，早年号少湖，后号存斋，祖籍松江华亭（今上海市松江区）。祖上也是农民，到他父亲徐黼才补了个差事，后升为宣平、宁都县丞。徐阶五岁时父亲上任，他亲眼看到父亲处理公务的辛劳和谨慎，这对他一生都有很大影响。十六岁时，华亭知县聂豹见他聪慧过人，读书用功，十分欣赏他，并向其讲授王阳明的良知之学。王阳明的心学在当时很受推崇，在全国各地都很流行，徐阶深受其影响。徐阶的才学受到当地各界才士的一致称赞，在缙绅中小有名气。嘉靖元年（1522年）在应天徐阶考中乡试，第二年，也就是他二十一岁那年，又以第三名的成绩中了进士。

嘉靖二十八年（1549年）二月，徐阶被任命为礼部尚书。世宗自遇"宫婢之变"后，移居西苑，潜心修炼以求长生不老，不仅到处建坛斋醮、滥兴土木，不知体恤百姓，大量搜刮民财，而且疏于朝政，长期不上朝理事，以致部院大臣也多年见不上他一面。为逢迎世宗崇信道教，朝臣竞相争上符瑞祥物、供奉青词，希望得到世宗的宠幸。世宗极为看重斋醮青词，许多人因此发迹，成为"青词宰相"。徐阶在皇帝左右服侍，也是其中一员，所献青词很得世宗赏识，不久即被召入无逸殿直庐，并得到飞鱼服、尚方珍馔等赏赐。

徐阶为部臣时，也是严嵩权势达到顶峰之际，以至于天下人只知严嵩，而不知皇上是谁，群臣害怕严嵩胜过害怕皇上。徐阶由夏言荐举而被提升，而严嵩与夏言争权，曾置夏言于死地并取代他的位置，严嵩自然对徐阶十分忌恨。徐阶受宠，严嵩心怀憎恨，时时设法排挤他。当时徐阶没有实力和他争斗，只得处处提防，想尽各种办法，甚至以附籍、结姻来保全自己。

嘉靖三十一年（1552年），徐阶加少保，进文渊阁大学士，入阁参机，后来因为办事很合皇上心意而不断得到晋升。第二年进勋，为柱国，加太子太傅，兼武英殿大学士；三十五年（1556年）加少傅，为中书舍人；三十八年（1559年）以一品考满九载，皇上下令嘉奖他，赐宴礼部，并改兼吏部尚书。

当时，严嵩贪贿擅权一点都没有收敛，徐阶虽然受到皇上宠信，但自知不如严嵩，所以处处小心，不露锋芒。嘉靖三十四年（1555年），兵部员外郎杨继盛怒奏严嵩"十大罪五大奸"，震动朝廷，但被严嵩打入大狱。杨继盛在疏中提到徐阶，说他遇事不敢主持正义，实为负国。徐阶并不记恨，反而暗中帮他说情，给严嵩施加压力，使严嵩有所收敛。之后御史锦宗茂、翁事中、张种等又相继上疏弹劾严嵩，严嵩大怒，准备狠狠报复，徐阶却将他们从轻发落，为此严嵩极为痛恨，怀疑是徐阶在背后指使，因此几次想置徐阶于死地，于是徐阶被迫称病，闭门谢客。嘉靖三十八年（1559年），严嵩又因为私人恩怨杀总督侍郎王忏，并欲加害其子王世贞。徐阶全力相救，王世贞对他感激不尽。徐阶以这样的方式与严嵩相抗，并保护了一大批朝廷直臣。此时，严嵩已年满八十岁，行动迟缓，办事也多数都不称世宗旨意，而徐阶却将朝中政事处理得井井有条。世宗暗中调查徐阶，知道他是忠廉之臣，因此有让他代替严嵩的想法，至此，徐阶终于取代了严嵩在世宗心目中的地位。嘉靖四十年（1561年）徐阶兼任太子太师。而与此同时，严嵩之子严世蕃贪横淫纵的恶行被揭发，朝廷上下弹劾严氏父子的声浪日高，严嵩的地位日益下降，徐阶与严嵩力量的对比起了根本性的变化。严嵩预感到情形不妙，便设酒宴请徐阶，希望徐阶能保护他。徐阶却不理睬严嵩，认为铲除他的时机已到。

嘉靖四十一年（1562年），徐阶串通方士蓝道行，借用神仙占术，说严嵩是当朝最大的奸臣，必须由皇帝亲自处置他。之后徐阶又策划让御史邹应龙上疏，将严氏父子的所作所为一一揭发。于是，世宗令严嵩致仕，将其子严世蕃交大理寺审理，后发配边疆。不久，严世蕃逃回原籍，继续作恶乡里。徐阶又亲自上疏说严世蕃通倭谋反，世宗大怒，于是将其斩首。严嵩也被判大逆罪而革职，抄家。

徐阶治国

晚年的世宗仍然整日待在宫中，修仙炼道，不理国务，健康状况日趋下降。国家事务都由徐阶一人掌管。嘉靖四十一年（1562年），徐阶登首揆席①后，想对国家进行些力所能及的改革。他在世宗赐给的原属严嵩的直庐墙上写了三句话"以威福还主上，以政务还诸司，以用舍刑赏还公

---

① 揆席：宰相的职务。

论"，表明了自己的政治态度和治国施政方针。在处理政务、行使权力的奏疏中，徐阶倡导凡事要与众臣商量，才能得到最好的解决方案，如果一个人独断专行，其结果只能是弊病百出。他常劝诫世宗，要集众臣论点之所长。每当世宗讨厌御史言论过激，正要发怒时，徐阶便在旁劝阻。他以严嵩为例，谏告世宗识人要审慎。他说，自古人心难测，常有奸人戴着假面具，很难识别，但这也不是绝对的，只要广泛采纳意见，即使是深藏不露的小人，也是可以发现的。他规劝世宗，凡有上疏者，大事应该经过认真调查，如果确实属实，则实行，如不属实，则另行处置，这样就可使言路有所疏通。

徐阶十分重视吏治，认为纳贤才要更注意其才干，而不是资格。嘉靖末年兵事频繁，当时社会风气却是阿谀奉承的人得到重用，而骁勇耿直的人却受到冷落。徐阶推荐起用马芳、苗徽等人，说他们虽然是行伍出身，没有什么文化，但是他们骁勇善战，能带兵杀敌，应该可用。兵部尚书杨博在御虏方面有所作为，一次，俺答进兵通州，杨博因世宗忙于修炼，未敢奏请皇上。徐阶及时帮助杨博调兵遣将，做出周全安排，赶走了敌军。世宗对杨博不早报告，很是生气，想严惩他。徐阶极力为杨博辩解，保护了杨博。抗倭名将谭纶、戚继光等，在张居正当政时得到了充分的信赖和重用，其实在徐阶任首辅时他们已经初步显示出才能了。俺答屡屡入犯，明军节节失利时，徐阶采纳门生、工科给事中吴时来的建议，请谭、戚二人练兵蓟州，他又让已进入内阁的张居正主持整顿蓟辽宣大边政。徐阶还亲自与谭、戚细议杀敌办法，建议用训练南方士兵的方法来训练北方士兵，支持他们运用火器打击敌人，守边防。在徐阶掌权期间，北虏南倭虽没有完全平息，但也没有什么大的侵扰，这与徐阶有一批优秀的边将是分不开的。

高、徐之争

高拱（1512—1578），字肃卿，号中玄，或中元，河南新郑人。祖籍山西洪洞，祖上因逃避元末战乱而搬到新郑。出身官宦世家，祖父高魁，成化年间举人，官至工部虞衡司郎。父亲高尚贤，正德十二年（1517年）进士，先后任山东按察司提学佥事、陕西按察司佥事等职务，官升至光禄寺少卿。高拱自小受到严格的家庭教育，五岁即能对诗，八岁时即能做出千字文章。再大一些时，即攻读经义，深研学问。十七岁以"礼经"在乡试中夺魁，以后却在科举道路上蹉跎了十三个年头，才考中进士，选为庶吉士，嘉靖二十一年（1542年）被任命为翰林编修，九年考满，升翰林侍读。嘉靖三十一年（1552年）裕王开创学府，讲学授经，高拱第一个被选中，进入国子监讲书。此时皇太子已死去两年，新的太子迟迟没有确立，裕王与其异母兄弟景王都居京城，论序当立裕王，而世宗却偏爱景王，想立景王为太子。立储之事迟迟没有定论，朝廷上下，猜测种种、议论纷纷。高拱出入王府，多方调护，给裕王很大宽慰。

嘉靖四十一年（1562年），高拱升礼部左侍郎兼学士，第二年改任吏部左侍郎仍兼学士，掌詹事府事。他多次担任会试的主考官和副主考官，他所提拔的人才所做文章得到了一致好评。但一次在进题中有违犯皇上之意的文字，几乎遭到了调遣。徐阶出面辩解，才使事情平息下来。嘉靖四十四年（1565年），景王在藩死去，裕王地位确立。高拱升礼部尚书，召入直庐，由于他善写青词，更得世宗宠信，世宗赐他飞鱼服。嘉靖四十五年（1566年）三月，由徐阶荐举，被任命为礼部尚书兼文渊阁大学士。

后来，高拱与徐阶反目成仇。他以徐阶子弟和家人在乡里横行不法攻讦徐阶，并授意他的门生齐康弹劾徐阶，徐阶上疏请求辞职。当时徐阶正因遗诏重新起用世宗时被贬谪的官员而受到部院大臣、科道言官的感恩拥戴，正是炙手可热之时，所以言路甚宽，皆请留徐阶，还集体去徐阶府邸敦劝视事。另外，极论齐康、高拱罪状，甚至聚在一起，唾骂齐康、高拱。三月之内弹劾高拱的奏疏竟多达三十余份，高拱自知留不住了，于是连连上疏十二封，称病乞休。明穆宗挽留无效，于是批准他以少傅兼太子太傅、尚书、大学士等职务回乡养病，派专人护送。齐康则调到别处，郭朴不久也请求辞职。

穆宗隆庆二年（1568年）七月，徐阶致仕，第二年张居正与太监李芳等合谋，上疏朝廷重新起用高拱。高拱一直对当年轰他出京的徐阶及其诸言官耿耿于怀，隆庆四年（1570年）四月，他为报复海瑞当年弹劾他的旧怨，将海瑞从应天巡抚调南京一个闲置的官衔。不久，又夺其职，逼海瑞借病辞职，他还反对徐阶的一切做法。隆庆四年（1570年）冬，刑部、大理寺例谳狱，本与高拱无关，他却毛遂自荐，请朝审主笔，还说"上命我视吏部，吏部事也都是我的事，必须掌握情况"，其实是专为改王金一案。王金是世宗时方士，被徐阶下狱，法司论以子杀父律当剐。高拱极力为他辩解，所以减刑免死。原内阁有专办中书事的诰敕房，序班十人。高拱重新被起用后，十人经过多次考试合格，理应升迁，但因他们是徐阶下属，高拱不予理睬。十人求上门去，高拱诡笑说："我即使做过承诺，也不会让你们这些人存有念想。"于是下令将这十人都调至边疆，仅从这件事上，可以看出高拱的害人之术。

虽然如此，高拱还是不解恨，专门和徐阶作对，只要是和徐阶有关的人，都被他治罪。徐阶致仕后，在乡里大治产业，还放任子弟横行乡里，引起当地百姓的憎恨。高拱亲自上疏："原任大学士徐阶，归乡后，应当静心休养，但他自从废退以来大治产业，越数千里开铺店于京师，纵其子横行霸道，财货将等于内帑，势焰熏灼于天下。"甚至还"故违明旨，潜往京师，强阻奏词，探听消息，各处打点，制造影响，迹其行事，亦何其无大体也"。高拱见徐阶大势已去，不无欣慰。既报一箭之仇，便豁然大度，修书徐阶，称以后愿不计前嫌，重修旧好，不要让一些心怀不轨之人从中挑拨。同时又接连给苏松官员去信，嘱咐对徐阶三子及家人从宽处理，稍存情面，并在蔡国熙的奏疏上批字："太重，重新改过。"高拱愿对徐阶网开一面，本意在于：见徐阶惨状，不免想到自己的将来，与其修好，可安抚苏松乡绅，改善与徐阶旧僚的关系。高拱的出尔反尔，使蔡国熙很生气，骂高拱出卖他，让他去得罪人而自己充当大好人。

隆庆六年（1572年）五月，穆宗病危之时，召高拱、张居正等入内。穆宗握着高拱的手说："我走后，天下之事就烦劳先生了。"宣内阁接受顾命。当时司礼监授遗诏，有二札，一给皇太子，一授高拱，其中交代，遇事内阁与司礼监冯保商榷而行，高拱看出了其中的意思。不多时，穆宗崩，明神宗继位。高拱想拉张居正共谋此事，便托人给张居正带信说："当与公共立此不世功。"张居正得到消息立即密报冯保。冯保游说太后及幼帝，诬高拱欺太子年幼，想谋反废了皇上而立河南周王，自己任公爵等。冯保又买通两宫近侍，在皇后面前弹劾高拱。皇后与贵妃都很害怕，便决议逐高拱。第二天，即召群臣进见，宣读两宫及帝诏，列举高拱的罪状，指责他目中无人，贬为庶民，即日解甲归田。高拱原来以为宣诏肯定是逐冯保，没想到是自己，这一晴天霹雳使他"色如死灰""汗下如雨，伏不能起",张居正在一旁将他扶起。第二天一早,高拱坐上柴车,颇为凄凉地踏上了归程。

回到老家,高拱着"角巾野服,俨然一个乡野农夫",不言国事,但却著书八十余卷。不料冯保害高拱之心不死,又造王大臣事件,欲置高拱于死地。吏部尚书杨博、御史葛守礼等知道其中有诈,奋力为高拱求情,高拱才幸免一死,不过,他从此因受到惊吓而一病不起。万历六年(1578年)十二月,高拱死于家中,终年六十六岁。高拱家属以恤典请,因冯保当权,只许以半葬。二十多年后,高拱子嗣纷纷上疏圣上,神宗以"高某乃一代功臣,功不可没,赠太师,谥'文襄'"。

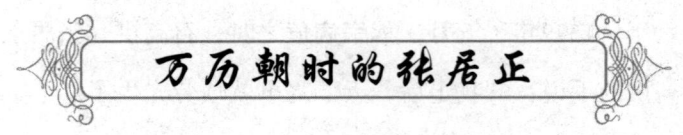

万历朝时的张居正

张居正操政

张居正(1525—1582),字叔大,号太岳,祖籍湖广江陵,少年时代即聪明过人,被誉为"神童"。

成年入仕之后,仕途通达,然而在嘉靖三十三年(1554年)上书辞官。后张居正说,他先后在山中居住了六年,有就这样一直生活下去的想法，由于父亲的反对，不得不复出。嘉靖三十九年（1560年），张居正复出。当时，首辅严嵩和次辅徐阶的矛盾加剧。因畏严嵩的权势，以前徐阶的同党都纷纷躲避他，而张居正却能在两位权贵之间处之自如。不久，张居正升右春坊右中允，掌管国子司业事，后又经推荐以副总裁身份主持修《承天大志》，他仅用了八个月的时间即脱稿，这给世宗留下了极其深刻的印象，于是命他为右谕德[①]、裕王朱载垕侍读。不久，又迁侍讲学士，掌翰林院事。张居正同裕王和裕王府中的人关系非常融洽，这就为他进入权力中心打下了坚实的基础。穆宗继位以后，张居正在一年内连升四级，先是升礼部右侍郎兼翰林院学士，接着升吏部左侍郎兼东阁大学士、参赞机务，擢入内阁，隆庆元年（1567年）四月，再升礼部尚书、武英殿大学士，隆庆二年（1568年）正月，加任兼太子太保。从官位等级上讲，侍讲学士是从五品，少保是从一品，因此，这样的升迁速度是惊人的。

隆庆元年（1567年）二月以前，内阁有四名成员：徐阶、李春芳、郭朴、高拱。到二月，又加入陈昏、张居正。张居正虽名列第六，但他的威望却比前五位要高许多，这不仅因为他"独引相体，倨见九卿，无所延纳"，更在于他每次提议都得到肯定和批准。

隆庆二年（1568年）八月，张居正上疏《陈六事疏》，集中反映了他的治国思想。疏中陈述的第一件事是"省议论"：他提出考察事物、人才要"事无全利，亦无全害。人有所长，亦有所短。重要的是要权衡利害多寡，长短所宜"；"欲为一事，须审之于初，务求停当。及计虑已审，即断而行之"。他执政以后之所以能取得显著的成绩，得益于不求全人、不求全功的思想。第二件事是"振纪纲"：张居正认为，人主太阿之柄不可

---

① 右谕德：官名，掌赞谕规谏太子，从五品。

一曰倒挂,顺情与徇情、振作与操切不同。顺情的人以人们共同的意见为标准,徇情的人不论是非曲直,而唯人情为重。振作者"整齐严肃,悬法以示民,而使之不敢犯"。操切者"严刑峻法,强迫百姓同意其意见"。因此,"情可顺而不可徇,法宜严而不宜猛"。第三件事是"重诏令":他主张下属各部院大小事务,数日之内必须给予答复;需要由抚按议处者,根据事情缓急,路途远近,严令限期奏报,吏部根据这一点考察官吏办事的态度。第四件事是"核名实":他认为世上利才之人众多,就看你是否能用在正道上。所谓正道,就是要"严考课之法,审名实之归"。具体来说,不要听其虚名、拘于资格,也不要毁其声誉,评定一个人不要掺杂主观因素,不要以偏概全,随便给人定义。严考课,审名实,和严令期限,以考勤惰,就是张居正后来推行考成法的基本内容。第五件事是"固邦本"。关于理财,他指出两点:一是财用日匮的根源,包括风俗奢靡,官民服舍俱无限制;豪强兼并,赋役不均,偏累小民;官府造作侵欺冒破,等等。另一是要"慎选良吏,牧养小民"。他把守令分为三等:守己端洁,实心爱民,为最高一等;善事上官,干理簿书,而无实政,这是核名实思想的具体体现,最多算作中等;最下等是贪污显著者,应"严限追赃,押发各边,自行输纳"。第六件事是"饬武备":他认为兵少、粮缺、将帅不才,都不是重要的,重要的在于无奋发向上之志,因循怠玩,苟且偷安,只要"修举实证,不求近功,不忘有事",那么不到五年,即可干出一番事业来。

为了对付高拱,张居正与太监冯保结成了联盟。隆庆六年(1572年)五月,明穆宗朱载垕驾崩于乾清宫,他在临终之际,向大学士张居正、高拱等嘱托后事,谕令顾命,辅弼皇太子。司礼监太监冯保利用职务之便办了两件事情:一是密嘱张居正起草遗诏,在遗诏中私自加进"司礼监与阁臣同受顾命"的内容；二是串通穆宗后妃，将司礼掌印太监孟冲罢黜，取代其位。这样，局面完全变了。隆庆六年（1572年）六月，高拱被罢官。不久，另一个阁臣高仪病卒，张居正成了内阁中唯一的顾命大臣。六月初十日，年仅九岁的太子朱翊钧继承大统，颁诏天下，以第二年为万历元年（1573年），此人即是明朝在位时间最久的明神宗。从此，到万历十年（1582年）张居正去世，他一直稳坐首辅宝座，内阁之中无人与之匹敌。其间，虽有几个大臣入阁，但他们同张居正的关系，就像上级和下属一般。如张四维入阁，皇帝手批："随元辅入阁办事。"

明神宗朱翊钧即位时只有九岁，他的生母李氏对他影响很大。李氏宫女出身，封至贵妃。按照旧制，立新天子，尊前朝皇后为皇太后，生母称太后，要加徽号。张居正和冯保商议，尊穆宗皇后陈氏为仁圣皇太后，尊李氏为慈圣皇太后，地位几乎平等，取消了称号的差别，这很讨李氏欢心，于是她把辅佐、教导神宗的重任都交与张居正。

冯保兼任司礼掌印、提督东厂，由于得到李太后的信任，对神宗具有威慑力量，权势在前朝王振、刘瑾辈之上，但是并没有形成宦官专权的局面。张居正说他"宫中府中，事无大小，都由他一人掌管，没有一件事能逃过他的眼睛"。又说"宫府之事，无大无小，都由他做主，由仆人去办，没有人敢去干预"。应当说，在张居正执政期间，中官的确不干预外政，权贵太监如此受内阁牵制，在明中叶以后实为少见。

祸及身后

万历十年（1582年）六月，一代名相张居正病逝。神宗满怀悲痛将他厚葬，赐祭十六坛，赠上柱国，谥"文忠"。而神宗在位十年，由最初一个少不更事的孩子长成了一个二十岁的青年，从不懂朝政到从容地处理朝中各项事务，他早已不愿像傀儡一样，在大臣的制约下简单地履行公事、批红下诏，而一心想成为名副其实的明朝皇帝。

张居正去世后，冯保依旧盛气凌人，太监张鲸、张诚与冯保早生嫌隙，于是趁机向神宗诉说冯保罪过，并揭发冯保与张居正的一些不可告人的权钱交易，请求神宗下诏革除冯保职务，这正好与神宗的想法不谋而合。然而慑于冯保向来的威风，起初神宗有所犹豫地说："如果他上殿来，怎么办？"张鲸答："他怎敢违抗圣旨？"神宗这才放心。于是当御史李植参劾太监冯保当诛十二罪状后，神宗即下诏将冯保发落南京，同时派锦衣卫查抄其家，查抄家产数额巨大，随即又下诏罢免了冯保的党羽吏部尚书梁梦龙、工部尚书曾希诏、吏部侍郎王篆等人的官职。

张居正掌权期间，一方面大刀阔斧推行改革，一方面又滥用职权排斥异己势力，树立了很多的政敌。冯保被驱逐后，张居正也成了众矢之的。万历十年（1582年）十二月，御史杨四知论张居正欺君蔽主、揽权树党等十四大罪状。神宗即刻传旨，说张居正恃宠自骄，不思尽忠报国，反而恃宠行私，辜负皇恩。万历十一年（1583年）三月，夺张居正上柱国、太子太师职位，张居正的儿子锦衣卫指挥张简修也被贬为庶民。同年八月，再夺张居正死后的封赠、谥号。这一时期内朝中揭发张居正和与其来往密切的官员的参劾源源不断，神宗抓住这一时机，亲自进行人事调整，将与张居正关系密切的官员一一罢免：刑部尚书殷正茂，总督两广兵部尚书陈瑞，湖广巡抚、右都御史陈省都因与张居正有牵连而遭斥逐，张居正之子张敬修也被革去进士。张居正生前曾将辽王废为庶人，夺占了辽王府邸，此时辽王次妃乘机指控张居正为谋夺辽王府邸，设计诬陷，将辽府及其私有财产占为己有。万历十二年（1584年）四月，神宗命司礼张诚等人任锦衣指挥、给事中，前往湖广荆州查封张居正家产，经过一番查找，并未找到什么巨额财宝。在张诚等人的严刑拷打之下，张居正长子张敬修自杀，张居正家族倾家荡产，凑足黄金万两、白银十万两上缴，才得以了结。刑部尚书潘季驯获悉张氏家族被抄惨状，特奏皇上对张居正年过八旬的老母予以恩典，谁料被江南道御史李植诬为张居正死党，神宗大怒，将潘季驯削职为民。

神宗下令将张居正的罪行颁示天下：诬陷宗室藩王、侵占王府土地财产、控制言官、蒙蔽皇上、私自废掉辽王、假借丈量土地、扰乱天下、专权乱政、辜负皇恩、于国不忠。本当将其尸陈天下，以诏后人，念其在朝中效劳多年，所以网开一面，其弟都指挥张居易，子编修、嗣修，孙张顺、张书，都发配边疆，至此，清算张居正影响的运动告一段落。

张居正在蒙受几十年不白之冤后，直到熹宗即位后的天启年间，朝野才开始对他重新评价，为他平反昭雪。

对于身后的毁誉荣辱，张居正不能说置之度外，但应当说他确有所悟。湖广巡按为了满足皇帝对首辅的眷恋之情，建议修建三诏亭，他不同意，说："不但一时之毁誉不关于虑，即万世之是非亦所弗计也。"又说："盛衰荣瘁，理之常也；时异势殊，陵谷迁变，高台倾，曲池平，虽吾宅第且不能宁,何有于亭数十年后,此不过十里铺前一接官亭耳,诸所谓三诏者乎。"这种豁达的态度,在那个时代的官僚中是很少见的。

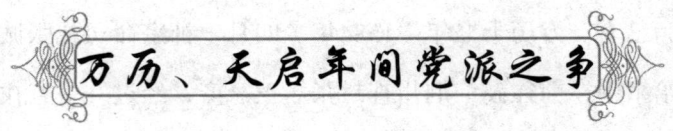

东林党与三党、阉党的攻讦

在万历二十一年(1593年)的"癸巳京察"发生后,被革职还乡的大儒顾宪成,在常州知府欧阳东凤、无锡知县林宰的资助下,与其弟顾允成开始修复始于宋代的东林书院,和钱一本、薛敷教、史孟麟等名士在那里讲学,并于"讲习之余,往往讽议朝政,裁量人物",支持他们的部分当地士绅、朝野政治人物及周边城市的乡土势力,也逐渐聚集在一起,其中以江南士人为多,慢慢地形成了一个以东林书院诸人为核心的松散型政治集团。

到了万历三十二年(1604年)十月,东林书院正式落成,宣布以《白鹿洞学规》为章程,其中有"四要二惑九益九损"等条款,并定下每月大会之期,此时东林势力可以算正式大成。

东林党人以"清流""正人"自诩,对政见不合者统统斥为"邪人""邪党",甚至直指为阉党。被东林排斥的官员,便投依阉党求存。天启三年(1623年),魏忠贤受命提督东厂,党羽顾秉谦、魏广微等选入内阁。顾、魏不断受到东林党的弹劾,不为清流所容。魏忠贤需要外朝官僚的配合,不为清流所容的官僚也需要投靠魏忠贤,他们很自然地形成一个政治派别。许多魏忠贤门下党徒曾多次表示悔恨,但东林党全然不顾,不遗余力的攻击使他们走到对立面。东林内部又以乡里为界,分裂成许多小组织互相争吵。拘囿于门户正邪之分,而缺少灵活大气的政治智慧,可以说是东林党败给阉党的重要原因。

当时东林党人的主要对手是神宗身边的宦官及朝中的齐、楚、浙诸党,又因到了天启时期这三党成员大多已依附于大宦官魏忠贤,所以有时这三党也会被直接划入广义的"阉党"体系。

相对而言,东林党人初期的政治主张和政治目的是要求政治清明,致力于维护社会安定、促进生产力发展,同时他们的成分构成也比较复杂,综合了在野、在朝的知识分子及部分地主、工商业者,因此得到了当时社会各阶层的广泛支持,但同时也遭到了与神宗有近水楼台之便的内阁及宦官势力的猛烈迫害。

天启四年(1624年),东林党人杨涟因弹劾魏忠贤二十四大罪去职,于次年被捕,并与左光斗、周顺昌等人一起下狱被杀。魏忠贤为彻底消灭东林党,随即主使编写了《三朝要典》,并借"红丸""梃击""移宫"三案毁东林书院,东林党中坚分子顾大章、高攀龙、魏大中等人也先后被迫害致死。齐、楚、浙三党则趁机效仿,将东林党人名单在全国张榜,一榜之上有百人到五百多人不等,上榜者生者削籍,死者追夺。魏忠贤的各路党羽又先后做了《东林点将录》等名录,把著名的东林党人分别冠以《水浒传》一百零八将之绰号,以此为点名手册,试图彻底消灭东林党。

魏忠贤统领下的厂卫所用刑罚之酷更是令人发指。被称为"六君子"的杨涟、左光斗、魏大中、袁化中、周朝瑞、顾大章六人都受过全套刑罚，各打四十棍、夹杠五十以及其他刑罚。杨涟受刑最多，五日一审。许显纯命令棒打杨涟头部，齿颊尽脱；用钢针做刷，遍体扫烂如丝；用铜锤击胸，致使肋骨寸断；最后用铁钉贯顶，杨涟当即死亡。杨涟死后七日方许领尸，只剩下血衣数片，残骨几根。左光斗也被五日一审，惨遭炮烙之刑，面额焦烂，膝下筋骨全部脱裂，令人不忍卒睹。

魏忠贤控制了皇帝以后，便结交朝臣，对朝臣采取"顺我者升官，逆我者罢官坐牢"的政策。在魏忠贤的淫威之下，一些趋炎附势之徒，纷纷投在魏忠贤门下，先后集结有八十多位大臣，形成了臭名远播的"阉党"，其中"五虎""五彪""十狗""十孩儿""四十孙"等是阉党中的骨干。所谓"五虎"是指五位文官，以佥都御史崔呈秀、兵部尚书田吉、工部尚书吴淳夫为首；"五彪"指的是五位武官，有左都督田尔耕、锦衣卫都指挥佥事许显纯、锦衣卫指挥崔应元等人；"十狗"则以吏部尚书周应秋为首。周应秋善烹饪，魏忠贤的侄子、肃宁伯魏良卿最喜欢吃他烧的猪蹄，他升至左都御史就是因为这手烧猪蹄的本事，因此被人称作"煨蹄总宪"。连内阁首辅大学士顾秉谦、魏广微也都是魏忠贤的党羽，更无耻的是顾秉谦让自己的四个儿子都拜魏忠贤为祖爷，自己间接捞到儿子的头衔。魏广微求魏忠贤收他为侄子，魏忠贤看他年纪太大，所以认作兄弟。魏广微、顾秉谦等内阁大臣，把朝廷大权拱手相让，甘心沦为帮凶与附庸，被人们讥讽为"门生宰相""魏家阁老"，朝中呈现出"内外一体""宫府一体"的局面，而这些走狗门下的爪牙，则又不可胜数。

这场以魏忠贤为首的阉党对东林党人的血腥迫害，直至明思宗登基消灭魏忠贤集团，为东林党人平反昭雪后才停止。

然而，这并不意味着两党的斗争就此结束了，实际上崇祯二年（1629年）的"袁崇焕冤案"，就是这一政治斗争的延续。东林党和三党及阉党之争，是明朝最厉害的党争，也是持续时间最长的党争。双方的争斗自万历年间开始，一直持续到南明灭亡还在继续，而且始终是晚明朝野政治格局和权力斗争的重中之重，甚至到崇祯帝自缢，此类斗争也依然如故。

魏忠贤乱政

魏忠贤（1568—1627），河间府肃宁县人，初名进忠，号完吾。天启二年（1622年），熹宗赐名"忠贤"。魏忠贤从小就奸诈无赖，他没有读过书，但有胆力，能决断，喜事尚谀。其妻姓冯，曾为其生一女。后来其在一次赌博中赌输，被别的赌徒羞辱，一气之下自宫，并把自己的姓名也改为李进忠。

万历十七年（1589年），魏忠贤投身司礼秉笔太监孙暹门下，负责管理甲字库。后又巴结太监魏朝，并在魏朝的引荐下做了熹宗生母王才人的典膳。魏忠贤曾与魏朝结拜为兄弟，当时皇宫中的人们管他们叫"大魏""二魏"。

不久，魏忠贤就从惜薪司升任司礼监秉笔太监，兼提督宝和三店。司礼监秉笔太监是皇帝身边最信任的亲信，要代皇帝阅批大臣奏章，魏忠贤不识字，却在客氏[①]的支持下得到这个职位。魏忠贤生性猜忌、残忍，与

[①] 客氏，明熹宗朱由校乳母，熹宗继位后赐婚客氏与魏忠贤。

客氏相互勾结,手下王体乾虽为司礼监掌印太监,也唯魏忠贤之命是从,魏忠贤一时权倾内外,炙手可热。深知皇帝品性的魏忠贤引导明熹宗极尽声色犬马之好,使其沉迷在糜烂的生活之中,不理朝政。熹宗有一个特殊的嗜好,特别喜欢做木工活,不但会用斧锯,而且还能盖房子、刷油漆,尤其精于雕刻制作小型器件。这给了魏忠贤可乘之机,每当熹宗玩儿得正高兴的时候,魏忠贤就将一大堆奏章拿出来请他审批,或向他请示问题。熹宗对此十分厌烦,往往就会随口说道:"我都知道了,你们拿下去,好好处理吧。"于是魏忠贤就通过代皇帝批答奏章,逐步将朝政大权抓在手里。与此同时,魏忠贤又在内廷广泛培植心腹太监,王体乾、王朝辅、李永贞、李朝钦等三十余人都先后成了他的党徒,而且都窃居内廷高位。

魏忠贤大权在握,与客氏相勾结,恣意横行宫内。首先,他害死了被逐出宫廷、下放到凤阳去看守皇陵的昔日恩人魏朝;之后,又将矛头对准了原来的顶头上司、光宗朱常洛时代的司礼监秉笔太监王安。王安是明代少有的为士大夫所称道的宦官之一,为人刚直,从万历二十年(1592年)就服侍朱常洛、朱由校父子。客、魏暗中怂恿给事中霍维华弹劾王安,又让刘朝、田诏等上疏辩冤,说是被王安诬陷成狱,再经客氏在里面进谗言,惹得熹宗大怒,将王安降职。魏忠贤又命参与盗宝被赦出狱的内监刘朝杀死王安,然后谎称自杀,至此,在宫中他已经成为仅次于皇帝的第二号人物。

熹宗初年,明廷朝政由东林党人掌握。东林党多是些正统的封建士大夫,他们对客氏和魏忠贤的阴谋早就有所觉察。天启元年(1621年)九月,明光宗的葬礼举行完毕后,阁臣刘一燝就请熹宗遵循遗诏,将客氏从宫中遣出去。不得已之下,熹宗只得照办。但不几日,熹宗竟因思念客氏过度而泪流满面,不思茶饭,无奈之下只得又将客氏宣入宫中,以陪伴熹宗。魏忠贤曾企图拉拢东林党人赵南星,但赵南星未予理睬。十二月,给事中霍维华被吏部尚书周嘉谟遣出京师,魏忠贤知道东林党人这样做是想拆他的台,于是便又唆使另一给事中孙杰弹劾周嘉谟是受刘一燝指使,要为王安报仇,周嘉谟最后被迫辞职。最初的几次较量,赢家都是魏忠贤与客氏,于是他们便更加肆无忌惮了。

在把持内廷的同时,魏忠贤又把手伸向了外廷,并渐渐地形成了一批死党——阉党。明熹宗朱由校登基当了皇帝,魏忠贤成了亲信太监。他为了进一步向上爬,不惜踩着当初提携他的魏朝的肩头,另找台阶。

一个没有任何政治智慧的不识字的宦官成了帝国实际统治者,魏忠贤可以摆上台面的资质不过是"担当能断"和"颇有记性"而已,大明的天下在这样的治理下不可能不走向混乱。为了保住手中的权力,魏忠贤选取精壮太监编练禁军,把自己的心腹安插其中,担任各级军官。这支部队在紫禁城内操练,鸣金击鼓,燃放火器之声惊天动地,扰得后宫不得安宁。魏忠贤常常身披盔甲,骑着高头大马检阅这支禁军。即使熹宗在场,魏忠贤也敢纵马疾驰,不以为意。熹宗一生对魏忠贤的眷爱始终不辍,他的诏旨中,经常会出现"朕与厂臣",一点也不忌讳将魏忠贤与自己相提并论。

熹宗的张皇后深恶客氏与魏忠贤,每次见到熹宗,便指责客氏、魏忠贤的过失。熹宗厌烦她絮叨,就很少再去她那里。一天,熹宗到了张皇后住处,张皇后正在看书,熹宗问:"读何书?"张皇后说:"是《史记》中的《赵高传》。"熹宗明白这是暗指魏忠贤,默然不语。

客氏买通坤宁宫的侍女,借机谋害张皇后。张皇后怀孕后,觉得腰间痛,让侍女替她捶腰,侍女暗动手脚,将胎孕伤损。过了一天,张皇后便小产,熹宗从此绝嗣。客氏又造谣说张皇后是已被逮入狱中的海盗所生,以此来诬陷张皇后出身不正,怂恿熹宗废后。因熹宗与张皇后感情很好,客氏的这一阴谋才未能得逞。

魏忠贤之死

魏忠贤把持朝政之后,"无上名号"越来越多,越来越高,也越来越离奇:厂臣、元臣、上公、尚公、殿爷、祖爷、老祖爷、千岁、九千岁。对于"九千岁"魏忠贤似乎还不满意,因而有些人干脆叫他"九千九百岁"。到后来,这场崇拜运动发展到了这样的地步:全国各地纷纷为魏忠贤造起了生祠。

首先发起这场运动的是浙江巡抚潘汝祯,他恳请给魏忠贤在西湖建生祠,建成后上疏,请熹宗赐匾额,熹宗名之曰"普德"。作为对此举的鼓励,潘汝祯升为南京兵部左侍郎。此例一开,兴建生祠成为风气,全国各地都争先恐后地为魏忠贤建生祠。

天启七年(1627年)八月,熹宗病死,他的弟弟信王朱由检继位,就是明朝末代皇帝崇祯,即明思宗。无疑,魏忠贤也想控制思宗。思宗刚刚登基时,朝政大权被魏忠贤所把持,与此同时,日渐强大的后金也严重威胁着明的安危。在这种内忧外患、积弊已久的形势下,怎样将执政后的第一步棋走出去,对思宗来说是非常重要的。

思宗执政后的第一步棋下得非常稳准:清除魏忠贤及其阉党。

思宗很有心计,对魏忠贤,他是一如既往,但对魏的党羽,则采取了逐步剪除的办法。对李朝钦、裴有声、王秉躬、吴光承、谈敬、裴芳等人的请辞要求一概应允,让他们罢职回乡。对太监李永贞也准其所请,让其回原籍治病。

第一章 腐败透顶的明末政治

天启七年（1627年）十月，当宣州（今安徽省宣城市）对蒙古作战获胜的消息传来后，思宗照常论功行赏，并封魏忠贤的从子魏良卿为宁国公、从孙魏鹏翼为安平侯，对加赐的免死铁券等事均持认可的态度；并且铁券制成后，思宗顺水推舟，下令也赏赐给他们。

思宗的态度，魏忠贤百思而不得其解。从当时的形势看来，自己的封官未动，财产也未被剥夺，封赐给儿孙的铁券也已经到手了，这些都让他感到宽慰，因此才稍微放下心来。不料，这时"五虎"之首崔呈秀却连遭弹劾。崔呈秀是魏忠贤得力的帮凶和干将，熹宗时曾被任命为兵部尚书，兼职少傅、太子太傅、左都御史。后来，工部主事陆源、御史贾继春等人接连上疏崇祯帝，弹劾崔呈秀身居要职但目无国法，贪赃受贿，卖官鬻爵，娶娼淫乱，父丧不归，人伦败坏，三纲废弛。接到奏章后，思宗做出批示，命令崔呈秀立刻回家守丧，魏忠贤因此在朝中失去了一个得力助手。

后来，在所有这些弹劾魏忠贤的奏本中，最为重要的一本当数嘉兴贡生钱嘉征在天启七年（1627年）十月二十六日所上的一本。在奏章中，钱嘉征历数了魏忠贤的十大罪状：其一，与帝并尊。朝廷大臣官吏上奏的奏折，必须先由魏忠贤过目，并且常以功德自居，奉旨传谕时，言必称"朕与厂臣"之类的话；其二，蔑视皇后。张皇后之父张国纪并没有犯什么不可饶恕的罪过，其却罗织罪责欲将之置于死地；其三，操纵兵权。明朝素无宦官操兵的规定，而魏忠贤却内逼宫闱，外压臣民，在皇宫禁地耍刀练兵；其四，目无君上。按照明朝向来的规定，内官不得干预朝政，但魏忠贤却不仅参政，还只手遮天，权倾朝野；其五，克削封王。先帝所封三王，赐田甚明，而魏忠贤自己却攫取肥沃膏腴之田达几万顷；其六，不尊圣贤。孔子为万世之先师，而魏忠贤竟然敢在太学的旁边修建自己的生祠；其七，滥赐爵位。以前，明朝规定，不是军功不可封侯，而魏忠贤身在宫内，竟公然袭上公之封爵；其八，滥冒边功。辽东全境都落入后金手中，寸土均未收复，而魏忠贤的子孙却封侯封伯，冒领赏赐；其九，劳民伤财。魏忠贤在天下到处修建生祠，以致所建之处，民穷财竭，靡费的钱物不可估算；其十，营私舞弊。科举取士是国家的大事，而魏忠贤却为崔呈秀打通关节，对崔呈秀的文章大加赞赏，说是好文章。凡此种种，罄竹难书。

魏忠贤知道大势已去，无法挽回。在穷途末路之下，他向思宗提出辞官。对魏忠贤的这一请求，思宗表示同意，并将其司礼监及东厂印信收回，命他到白虎殿去为明熹宗守灵。接着，魏忠贤又将其子孙的封爵辞退，并将所赐的田宅、铁券也都一并交回。

不久，思宗颁布诏书，分别对阉党处以凌迟、斩立决、秋后问斩、充军、革职等惩罚，对内宫被害之妃嫔等人一一复封，对外廷含冤而死者一一恢复名誉，对关押在狱者释放并复其官。"定逆案"是明末也是整个明代最大的一起党案。

在揭发魏忠贤罪行的奏章中，有很多地方都涉及客氏。思宗于是便令太监王文政对客氏严加审问，并抄了客氏的家，查实后下令将客氏交给浣衣局，由浣衣局的宫人将之掠杀。浣衣局的老宫人平日备受客氏虐待凌辱，至此便操杖用力狠打，直将客氏打得皮开肉绽，鲜血染衣，顷刻就死于杖下。

魏忠贤和客氏二人先后伏法后，他们的家产也被查抄没收，各地所建的魏忠贤的生祠均被拆毁。思宗对魏忠贤恨之入骨，甚至在魏忠贤死后，还下诏磔其尸体，将其首级悬于河间。

风起云涌的农民起义

第二章

自古道,官逼民反。随着明末奸臣宦官弄权的加深,各地统治日益黑暗,人民多无以为生。然而朝堂之上的君王,竟无视百姓疾苦,任各地豪强鱼肉百姓。有曰:天下乱,弱者为丐,强者为盗,悍者为匪。在此之时,君将何为,民将何为呢?有道是各路豪杰并起,一场场酝酿已久的反抗义举也必将风起云涌,震荡山河,威慑江山……

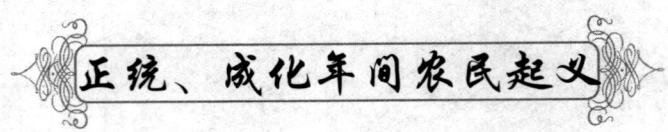

正统、成化年间农民起义

邓茂七、叶宗留起义

进入明中叶,随着商品经济的发展和土地的高度集中,封建社会内部的各种矛盾进一步激化起来。全国农民起义不断发生,猛烈地冲击着封建统治。以"争取采矿自由和抗租"为主要内容的叶宗留、邓茂七起义,就是规模较大的一次。

明正统年间(1436—1449年),闽、浙边界叶宗留、叶希八领导矿工起义,闽中邓茂七领导农民起义。正统十一年(1446年)春,起义军发展到数千人,叶希八等一致推举叶宗留为领袖,称"大王"。三月,明廷见地方官兵镇压不力,"贼势滋蔓",命御史柳华提督领闽浙赣三省兵马合力"征剿"。柳华到福建后,一面派兵"进剿",一面令各府县在城镇巷道首尾建隘门(上有重屋),在乡村建望楼,置金鼓器械于其上,把居民编为总小甲,由总小甲长带领轮流值宿在隘门、望楼上,进行瞭望和警戒。起义军在永丰、浦城、庆元、政和、福安一带与官军周旋,相机杀敌,多次给官兵以重创。柳华终因"搜剿"无功,被弹劾问罪。明正统

第二章　风起云涌的农民起义

十二年（1447年）夏，叶宗留在浙江庆元率矿工起义，占据庆元。十月，叶宗留率起义军入闽，相继进攻政和、松溪、浦城、崇安等地。随后兵分两路，一路过分水关进入江西铅山、上饶等地，另一路循建溪攻建阳，进逼建宁府城（今建瓯市）。起义军所到之处，受民众拥护，因此"从者日众"，队伍发展到上万人。

次年二月，邓茂七在沙县二十四都率领农民及矿工起义，拒绝向地主"送租"、交"冬牲"，并杀死前来镇压的官兵。起义军迅速占领沙县县城，邓茂七自称"铲平王"，设官署，封官职，以沙县陈山寨与永安贡川、桂口为根据地。附近各县的矿工、农民迅即响应，或加入起义军，或假借名号起事，起义军队伍发展到数万人，先后攻下龙溪、上杭、长汀、将乐、宁化、光泽、邵武、顺昌等县。其中一些部队南下攻龙溪、泉州等地，最远的到广东海阳（即今潮州市）、江西广昌、永丰等地。明朝统治者十分震惊，立即派兵镇压。官军到江西铅山后，被叶宗留起义军牵制。叶宗留在铅山黄柏铺阻击战中牺牲，所部由叶希八统率。由于邓茂七不愿与叶希八结盟抗击明军，叶希八遂率部退出崇安，由浦城进入浙江。

正统十三年（1448年）八月，明英宗命御史丁瑄驰闽"剿抚"，并以都督刘聚为总兵，都督陈荣为副总兵，陈诏（一作韶）、刘德新为左右参将，金都御史张楷监军，率重兵随后入闽，以解延平之危。丁瑄一到延平，即命同知邓洪率兵两千往沙县征剿，遭到邓茂七、蒋福成联合反击，全军覆没。丁瑄又改变手法，派人前去招降，要农民军"解散，得免死"。邓茂七坚定地说："吾岂畏死求免者！吾取延平，据建宁，塞二关，传檄南下八闽，谁敢窥焉！"遂杀来使。延平守城御史张海急忙派都指挥张某带兵四千前去阻击。农民军于王台南部双溪口隘路上设伏待敌，以二十余人隐藏在两侧村店中，大部队埋伏于就近山上。当官兵大队人马已过，殿后都指挥将至之际，村店中的农民军突然举排栅塞道，迅速把都指挥及数名从兵擒杀。等官兵前驱发觉回援时，山上伏兵从侧面冲下掩杀，一举歼敌数千，邓茂七便乘胜进围延平府城。张海再次上城诱降，未能得逞。双方大战于城外，农民军连斩明军都指挥范真、指挥彭玺二将，官兵不敢再战，闭城固守待援。

正统十三年（1448年）十二月，明军进入福建，解建宁府、延平府之围，邓茂七率部据陈山寨等地顽强抵抗。翌年二月，邓茂七在叛徒引诱下进攻延平府时被明军所杀，其侄邓伯孙领导农民军继续斗争。同年五月，陈山寨陷落，起义失败。转战浙江的叶希八部队孤立无援，被明军招降。原叶宗留部下陶得二继续战斗，坚持至次年十一月被彻底镇压。起义被镇压后，明廷被迫免去闽、浙等地粮、差、银课等项，惩办贪官，为其后的福建矿业发展创造了条件。

成化年间农民反抗斗争

从正统四年（1439年）到成化元年（1465年），大藤峡起义发展到了一个新的阶段，侯大苟领导起义军把起义推向了第一个高潮。正统十年（1445年），侯大苟首次领导起义军攻打两广门户梧州城，震动了明王朝。其后义军在侯大苟的领导下与各地起义军配合，纵横两广之间。镇守广西的一些官员，对大藤峡起义军束手无策，纷纷上奏朝廷："虽两广各有总兵、巡抚，但地广贼众，力不能支，乞敕廷臣会议，别选谋勇名将及有威望大臣，委以重权，责其成效，庶或有济。"（见《皇明大事记卷二十·朱国桢改大藤峡》）成化元年（1465年），韩雍率军开始进攻大藤峡起义军，十二月起义被镇压。

成化二年（1466年），大藤峡瑶民的斗争规模不大，但连绵不断。同年十二月，侯郑昂、王牛儿率领七百余人夜袭浔州府，"焚军营房屋一百六十二间、城楼一座，夺百户所印三颗"。

明代成化年间（1465—1487年）发生陕西、四川、湖广边区农民起义。荆襄流民主要指宣德至成化年间（1426—1487年）为土地兼并或租税徭役所迫而逃往荆襄山区谋生的农民，又名"棚民"。荆襄地区北有秦岭，南有大巴山，东有熊耳山，中有武当山、荆山，跨连陕西、河南、湖北三省，谷阻山深，人烟稀少，封建统治薄弱。该地资源丰富，且可逃避赋役，永乐年间（1403—1424年）渐有流民进入。宣德至成化年间，当地集结流民逾一百五十万。他们千百为群，开垦荒地，伐木架棚，流徙不定，故称棚民。官府视之为"盗贼渊薮"，欲加制裁。

成化元年（1465年）三月，流民首领刘通（号刘千斤）联合石龙（号石和尚）、刘长子等，在房县大木厂立黄旗聚众起义，称汉王，国号汉，年号德胜，攻掠襄、邓，屡败官军。成化元年，明廷派工部尚书白圭为提督湖广军务、抚宁伯朱永为总兵，会合湖广总兵李震、河南巡抚王恕入山进讨。次年闰三月，刘通兵败被擒，死于京师。十月，刘长子、石龙被俘，起义失败。白圭在流民中推行强制附籍与发还原籍的政策，导致成化六年（1470年）刘通余部李原（号李胡子）与小王洪、王彪为首的流民第二次起义。李原称太平王，攻掠南漳、内乡、渭南一带，流民归附者近百万。右都御史项忠受命为总督河南、湖广、荆襄军务，挫败起义军，俘李原、小王洪等。项忠勒令流民选一丁，戍湖广边卫，余归籍给田。在官府强行驱迫下，流民不前即杀，戍者舟行多疫死。朝廷为防事态扩大，于成化十二年（1476年）派左都御史原杰抚治荆襄流民，设置郧阳府与湖广行都司，并由都御史吴道宏抚治郧阳、襄阳、荆州、南阳、西安、汉中六府。流民附籍后，垦辟老林，从事农作，开发药材、竹木、铁、炭等资源，荆襄山区逐渐民户稠密、商旅不绝。

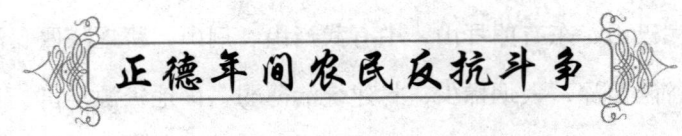

正德年间农民反抗斗争

四川农民起义

皇室的挥霍靡费，日益加重农民群众的赋役负担，社会矛盾不断激化。刘瑾擅权的正德三年（1508年）四川地区爆发了农民武装起义。正德三年冬，四川保宁人刘烈率领当地群众起义，进攻陕西汉中等地。第二年，刘烈在战斗中牺牲。十二月，保宁人鄢本恕、蓝廷瑞和廖惠继续领导农民起义，蓝廷瑞称"顺天王"，鄢本恕称"刮地王"，廖惠称"扫地王"。四川省内各界民众踊跃参加起义军，队伍扩大到十万人，还设置四十八总管，势力扩展到湖广、陕西等地。廖惠与蓝廷瑞主张在保宁建根据地，鄢本恕主张以汉中为根据地，再取郧阳，由荆、襄东下。廖惠率领起义军攻下通江，将参议黄瓒杀死。明廷派刑部尚书洪钟总督川、陕、湖

第二章 风起云涌的农民起义

广、河南四省军务,洪钟与四川巡抚林俊相勾结,镇压农民军。廖惠攻克通江后,在撤往龙滩河的战斗中被俘。蓝廷瑞和鄢本恕转到汉中,被陕西明军所逼,重回四川。正德六年(1511年)初,明军将起义军围困在东乡,起义军遂与土酋彭世麟交往,想从其营地突围。彭世麟秘密和洪钟设定计谋,诱蓝、鄢起义军首领二十八人到他的营地赴宴,在宴会上埋伏的士兵将起义军首领全部俘获。起义军大部瓦解,余众在廖麻子领导下,与方四、曹甫的起义军联合,顽强抗战。

四川仁寿人方四、江津人曹甫在正德六年(1511年)正月起义,号称"顺天王",率起义军将江津县城攻下,杀了佥事吴昺。明朝廷派巡抚林俊前去镇压,曹甫战败被杀,剩下的起义军由方四、任胡子、麻六儿等率领转至綦江,进入贵州思南、石阡等府。方四称自己为"总兵",任胡子为"御史",其他三十多个首领为"评事"。不久,他率领的起义军由贵州入四川。八月,起义军攻打永澄、东乡,声言要攻取重庆、江津、叙州、泸州和成都。

明军在加强军事围剿的同时,到仁寿县找来起义军的族属前去劝降。方四等杀了说客,拒绝投降。此后,明军分六哨向起义军发起猛攻,起义军被团团包围,许多起义军拒绝投降,跳崖自杀。在这次激战中,任胡子战死,方四率两千余人突围进入贵州思南。正德七年(1512年),起义军又从贵州进入四川,闰五月,在从南川到綦江途中战败,方四被地主武装逮捕。

同时,廖麻子、喻思俸部和内江骆松祥部、崇庆范藻部的起义军势力仍在继续发展,兵力已达二十万。四川巡抚高崇熙下令招抚起义军,特将开城临江空出来给起义军居住、生产,并免征赋役。廖麻子进驻临江后不久即起兵反抗,明廷将总督洪钟罢免,并逮捕巡抚高崇熙,改派彭泽、马吴代替他二人职务。彭泽等率领苗兵围剿起义军,在荆州将廖麻子杀害,起义军推喻思俸为首领继续战斗,转战巴山,进抵略阳,攻四川广元,后被明军截堵,转至西乡。正德八年(1513年),马昊、彭泽率明军包围起义军,喻思俸战败被俘,接着彭泽与马昊又将内江骆松祥部和崇庆起义军范藻部击败。

四川地区的农民起义,转战三省,历时六年,给明王朝以沉重的打击。

刘六、刘七起义

河北地区是明朝的近畿,皇室和勋贵广置庄田,农民的土地多被侵占。明初沿袭元制,佥派今河北、河南、山东、江苏、安徽地区的农民充当养马户,喂养种马,缴纳马驹,后又令北京附近的若干州县改养寄养马。从喂养种马地区征取孳生马匹,送到北京附近寄养,以备随时取用,称为寄养马。养马户饲养种马和寄养马如有丢失,即需买补赔偿,以致"小民卖田产鬻男女以充其数,苦不可言"。河北地区,马害尤重,时称"江南之患粮为最,河北之患马为最"。失掉土地而无法生活的农民,往往团聚起来,骑马驰骋在平原旷野,劫富济贫,明廷称他们为"响马盗"。武宗正德年间,人民的反抗斗争更加激烈。正德四年(1509年)九月,明廷遣御史宁杲去真定(今河北正定)、殷毅去天津、薛凤鸣去淮阳,专事捕盗,称为"捕盗御史"。宁杲在真定奏立什伍连坐法,每天以捕盗为名,将被捕者械送入城,以鼓乐前导游行示众。

刘六(名宠)、刘七(名宸)兄弟是河北文安县刘庄子村人,明正德年间的农民起义军首领,自幼习武,善骑射,尚侠义,骁悍过人。明朱元璋统一中国后,与历代君王一样,实行残暴统治,人民生活十分困苦,不能忍受。正统后,阉宦擅权,史胥作弊,徭役繁苛,较前更甚,刘六、刘七领导的农民大起义就是在这种历史背景下发生的。

正德五年(1510年)十月,刘六、刘七在霸州率众起义,响应的穷苦民众旬日间即有数千人。起义军经过阜城、交河时,宁杲军不敢出兵,待起义军走后,掠杀平民报功,所过之地,居民闭门逃遁。农民起义军所到之处,居民则乐于供给粮草器械以至弃家参加起义。文安生员赵鐩,与两个弟弟率五百人参加了起义军。

九月,杨虎等当地贫苦农民群起响应。一路起义军破沧州,进至山东蒙山,败明副总兵李瑾军,赵鐩在泰安题诗有"纵横六合谁敢捕"之句。起义军进至济南、东昌、兖州、登州、莱州等地,山东诸郡县多为农民军所破,明廷命太监谷大用总督军务,兵部侍郎陆完提督军务,加派京营军,并增调宣府、大同、延绥边兵,前来山东镇压起义。杨虎军突破明军的包围,南向进攻徐州,不克。十一月至宿迁渡小黄河(黄河故道),杨虎在渡河战斗中落水牺牲,众推刘惠为首,赵鐩为副。杨虎妻崔氏,勇敢善战,号"杨寡妇军"。刘惠率军进入南直隶的霍邱,大败明军,杀都指挥王保,破鹿邑、新蔡。河淮南北,官吏望风逃遁,人民纷纷参加起义,共推刘惠为奉天征讨大元帅,赵鐩更名怀忠,称副元帅。小张永领前军,管四领后军,刘资领左军,马虎领右军,邢老虎领中军,并称都督,陈翰为侍谋军国元帅长史。分二十八营,应二十八宿,各树大旗为号,置金旗二,大书"虎贲三千,直抵幽燕之地""龙飞九五,重开混沌之天"。明使至赵鐩军招抚,赵鐩复书说:"群奸在朝,浊乱海内,诛杀谏臣,屏斥元老。乞皇上独断,枭群奸之首以谢天下,斩臣之首以谢群奸。"起义军攻破河南裕州，杀明指挥詹济、同知郁采。

刘六、刘七率领的起义军于正德六年（1511年）秋，自河北进入山东，连破日照、海丰、寿张、阳谷、丘、宁阳、曲阜、沂水、泗水、费十城。攻济宁，焚明漕舟一千两百艘，俘虏了工部主事王宠。次年四月，明军十万人于登州嵩浅坡、古县集等地合围起义军，刘六、刘七率精骑突围，再由山东攻入河北，进至香河、宝坻、玉田诸县，转攻武清，大败明军，杀明参政王杲，威胁北京。正德七年（1512年）二月，邢老虎病死，赵鐩并其众，号十三万，在起义军中最为强大。转攻襄阳、樊城、枣阳、随州、新野，破泌阳，火烧前大学士焦芳家。焦芳只身逃走，赵鐩命取焦芳衣冠挂在树上刀斩，说："吾手诛此贼以谢天下。"明廷遣都御史彭泽和咸宁伯仇钺率军全力围剿河南起义军，刘惠和赵鐩退到固始、颍州、光山，又至六安。闰五月，起义军想摆脱明军的追剿，分兵为二：刘惠率众万余人北赴商城，赵鐩向东北赴凤阳、泗州，转至湖广应山。赵鐩军败，部下陈翰等降明。赵鐩势孤，遇僧真安，因削剃须发，藏度牒，化装为僧人欲渡江去江西，再图大举，行至江夏，被明军擒获押送京师，处死。刘惠一路转至桐柏、南召，兵败，刘惠被明军射中左目，纵火自尽。明廷发重兵堵截，起义军转至冠县、平原、邳州，渡河到固始。这时，河南刘惠、赵鐩所率的起义军被明军镇压而败溃，刘六等孤军奋战，率众走湖广，至黄州团风镇，兵败。刘七和齐彦名等夺得船只，从长江顺流而下直至南直隶南通。起义军活跃在九江、安庆直到南通的长江沿岸，三过南京。刘七、齐彦名等欲登岸趋淮安，复还山东，被扬州官军拦阻，遂以狼山为根据地，不断出击常州、江阴等地。明朝会剿的军队会集到大江南北，向南通进逼。五月初，起义军渡淮河，意欲与河南义军会合，可是河南起义军已经全军覆没，遂走光山、确山，乘船到夏口，火烧汉口。

官军指挥满弼追到，混战中刘六中流矢，与其子仲淮皆落水而死。同年七月，明副总兵刘晖率辽东兵，游击邰永率宣府兵，进攻狼山，起义军英勇迎战，刘七中箭，投水自杀，齐彦名英勇战死，几百名起义军战士壮烈牺牲，起义失败。

刘六、刘七领导的起义，前后持续三年，转战南北直隶、山东、河南、湖广等广大地区，所过之处，深得人民拥护。两支起义军之间缺少密切配合，长期流动作战，被明军各个击破而失败。

江西农民起义

正德五年（1510年）初，当刘六、刘七领导的起义军威胁南京京都时，江西各地也爆发了多起农民起义。抚州东乡有王钰五、徐仰三、傅杰一等部，饶州姚源洞（今江西万年县境）有汪澄二、王浩八、殷勇十等部，瑞州华林山（今江西高安市境）有罗光权、陈福一等部，赣州大帽山（今江西寻乌县南）有何积钦部，靖安县（今江西靖安县）越王岭玛瑙寨有胡雷二等部。起义军在山谷间据险立寨，互相支援，声势甚盛。赣州起义军进攻新淦，擒明参政赵士贤。华林山起义军攻破瑞州府城。各地官府惊惶万状，纷纷告急。二月间，明廷派右都御史陈金总制军务，统率南直隶、浙江、福建、广东、湖广五省明军前往镇压起义。王浩八起义是明朝正德四年（1509年）江西农民起义军中最重要的一支，这支农民军在饶州姚源洞起义，因而称为姚源军。从正德三年（1508年）起义开始，这支农民军在王浩八等领导下，驰骋在饶、信、徽、衢四府十多个州县，沉重地打击了明朝政府和当地的豪族大姓。陈金到江西后,南赣巡抚周南率军攻打大帽山。大帽山地处江西、广东、福建三省交界,鸟道迂回,林木深阻。张番瑄等起义军数千人,以此为根据地,不时出击,先后攻占建宁、宁化、石城、万安诸县。正德七年(1512年)正月,周南调动了江西、广东、福建军兵包围大帽山,张番瑄被捕牺牲。五月,陈金又派按察司副使周宪等分兵三路进攻华林。起义军杀败明军,活捉周宪,粉碎了围剿。陈金增调大同边兵和广西士兵,派南昌知府李承勋会合士兵进攻华林。

陈金在镇压了华林起义军后,进而围剿姚源。明军从余干、安仁、贵溪、鄱阳、乐平五个方面包围起义军,陈金亲率大军直攻姚源。起义领袖殷勇十负重伤牺牲,粮长出身的王浩八再次起义,打回贵溪裴源山,余众复集,连营十里。朝官弹劾陈金"不能平贼,反多杀无辜",明廷遂命操江副都御史俞谏代陈金督江西、浙江、福建军务。五月间,俞谏命江西参政吴廷举等进攻起义军,吴廷举亲自到王浩八军中说降,被王浩八拘留。吴廷举得知虚实,乘间逃回。俞谏伏兵裴源,乘起义军出运粮,出兵掩袭,王浩八率军四出突围,遭到失败。

江西农民起义失败后,各地农民仍不时聚集反抗官府。正德十二年(1517年),江西南部与福建、广东交界的山区,到处都有起义农民依山据洞筑寨,周围近千里。明廷依兵部推荐,遣右佥都御史王守仁巡抚南赣,镇压起义。王守仁三月到江西,调三省兵镇压了信丰等地的起义者,七月间上疏请便宜行事。明廷加授提督南赣、汀、漳军务,便宜从事。十月,王守仁领兵进攻起义军中势力最强的江西崇义县左溪蓝天凤、谢志山起义军,命周邻各府县分道出兵围剿,会于左溪。王守仁自率千余人至横水,募乡兵登山,诱攻谢志山部。谢志山兵败,起义军山寨被焚。十一月,王守仁会集各路兵,进攻桶冈,遣使去起义军招降。蓝天凤与诸首领聚议军事，明军分路突至。起义军不及备战，仓促依水抵抗，明军渡水袭击。起义军战败，蓝天凤被擒。明军残酷屠杀山中抗击的起义军以便报功，王守仁进为右副都御史。正德十三年（1518年）正月，王守仁进兵攻打广东惠州和平的浰头起义军池仲容（池大鬓）部，设计招池仲容来军营议降。池仲容中计，来后被擒，明军乘隙攻打三浰的起义军据点。起义军无备，遭到明军的残杀而失败。王守仁奏请设和平县，以加强统治。

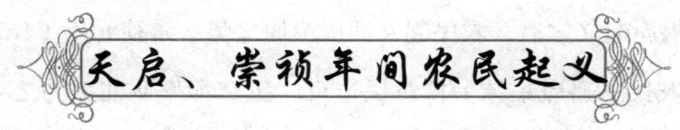

天启、崇祯年间农民起义

王二起义

明朝末年，陕北连年发生灾荒。天启末年至崇祯初年（1625—1628年）尤为严重。久旱不雨，草木枯焦，乡民外逃，饿殍载道。明王朝不但不减免租税，拯民生死，反而不断加派赋役，严令官吏督责税赋。农民"皮骨已尽，救死不赡"。

天启五年（1625年），饥民迫急，人人迁怒，欲反富豪剥削，抗击官吏索征，以求生路。

天启七年（1627年）七月，饥荒愈加严重，加之疫疾肆流，死民甚多,"草木尽、人相食"。而官吏搜刮、催征更甚。时白水农民王二、种光道等聚集灾民数百,插旗起义于白水县,揭开了明末农民起义的序幕。起义军操刀械,以墨涂面为志。起义军首战于灾荒严重的澄城,至澄城县城下,王二疾呼:"谁敢杀知县?"众齐声应道:"我敢杀!"连呼三次,众皆同厉声。王二知军众齐心,即率众攻入县城,诛杀了知县张斗耀。开仓济民后,恐官军合围,退至白水县洛河以北。在洛河北,随军饥民渐多,声势日大,遂转战渭北各地,攻城夺寨,处斩恶吏,劫富济贫,百姓拥戴。王二起义军迅速壮大,使明王朝惊恐,派官兵围剿,王二起义军打败了官军。此时,很多饥民和明王朝的一些逃兵,也纷纷加入起义队伍,起义军扩充到数千人,活动于韩城、蒲城、宜君、洛川、白水等地。

王二揭旗起义之后,农民起义即成燎原之势。崇祯元年(1628年),陕北府谷农民王嘉胤集结一群饥民造反,王二即率队北上与之会合,起义军扩展到五六千人。不久,王二、王嘉胤率众南进,驻军于黄龙。起义军所经之处,杀贪官,破监牢,开粮仓,济饥民,风靡渭北。同时,陕北的高迎祥在安塞,王左挂、飞山虎、大红狼在宜川,王虎、黑煞神在洛川,王和尚在延川,王大梁在汉中南部,韩朝宰在甘肃庆阳,周大旺在武都也插旗举反。一两年间,农民起义遍及陕西全境及甘肃东部,并有川北一部,许多官兵也参加了起义军,《明史·列传》载:"山西巡抚耿如杞勤王兵哗而西,延绥总兵吴自勉、甘肃巡抚梅之焕勤王兵亦溃,与众盗合。"

崇祯二年(1629年),明王朝诏令杨鹤为三边总督,围剿农民起义军。在战斗中,王二被俘,为陕西兵备商洛道刘应遇杀害。王二死后,王二余部继续战斗。崇祯九年(1636年)丙子,王二余众屠洛川县的菩提镇、李家庄,死者以万数。

明末，西北地区的破产农民很多被迫当兵或驿卒，士兵同样受统治阶级的压迫。明万历以来，明廷因对付满洲，军费激增，但军费多为宦官和大臣、将领所吞没，因此西北各镇军队缺饷情形非常严重，至崇祯元年（1628年），欠饷有至三十六个月的。士兵还替将领们做苦工、服杂役，并受种种虐待。天启末年，兵卒每人月领兵饷银五钱，不足买米一斗，身上衣不遮体，甚至当卖盔甲器械、卖妻鬻子，故民众起而反抗。

苏州民变

明朝万历至天启年间（1573—1627年）广大城镇市民、生员、乡绅反对矿监税使与封建权贵的斗争，参加者主要是城镇商人、业主、工匠、生员和御史言官、州县长吏及乡绅等，民变多起因于矿监税使的疯狂掠夺。最有代表性的是发生在苏州、临清、武昌等东南沿海和运河沿岸地区，以及北京的民变。

万历十年（1582年），张居正去世。神宗时年已二十岁，于是亲掌国政，但他宠信宦官和贵妃，深居后宫，不理朝政。他生活上日益腐败，且好色贪财，从万历二十四年（1596年）起，他开始派出大批的亲信宦官，分赴全国各地充当矿盐税使，肆意搜刮老百姓的财富，当时著名的手工业和商业发达的苏州城自然也是在劫难逃。

当时的苏州，西城是商业区，店铺林立，十分繁华；东城是丝织业集中的地区，设有很多的工厂，每日均有数以千计的手工业者聚集于这里，他们有的有固定工作，有的则每天早晨聚集在桥头，等待雇主的临时雇用。城市的繁华更加引发了税使的贪婪。万历二十九年（1601年），秉承神宗的旨意，苏杭织造太监孙隆来到苏州征收赋税，从此开始对苏州人民的搜刮、勒索。

当时的税制规定，征税的对象只限于从事贩运的商人，但税署的吏卒和当地的棍痞要求机户每张织机缴三钱税银，新织的缯帛，要在每匹纳银三分之后才允许出售；又分别在水陆枢纽设置关卡，向过往的商旅滥征赋税，"只鸡束菜"皆不能免，致使商贩数目日渐减少。机户则被迫歇业关门，许多机工因而失业，贫民无以为生，后多有饿殍者。又加上这年苏州发生水灾，农业歉收，百姓失业，往日繁华的苏州城竟是一片凄凉。一首当时流传的民谣是这样唱的："四月水杀麦，五月水杀禾，茫茫阡陌弹为河。杀禾杀麦犹自可，更有税官来杀我。"可见，与天灾比起来，税吏更为可怕。

六月三日，以织缯为生的葛成不甘饿死，被无以为生的织工推为领袖，发动民变。葛成首先聚众在织工和机户经常集会的玄妙观内"誓神"，要求大家听其指挥，视其手中"芭蕉扇所指"。参加者分为六队，每队由一小队长手摇芭蕉扇为号，走在前面担任指挥，后面的人手持棍棒随之而行。斗争矛头直指孙隆及其爪牙。见民变队伍逼近衙署，孙隆赶紧连夜逃往杭州躲藏起来。但民变队伍纪律严明，既不动刀枪，也不抢掠财物，甚至也不反对官府，只是对地痞税使加以打击，迫使官府拘捕地痞汤莘以平民愤。这次民变共持续了三天。第四天由于地痞税官或死或逃，或被拘捕，民变者便贴出榜文，声称"危害百姓之税使既已清除，事情已定，百姓渊各安生理，不得借口为乱"。第五天，道府下令感念葛成舍己为人的精神，苏州人将他的名字改为葛贤，又在他死后，将他葬在风景优美的虎丘山畔。

民众反抗矿监税使的斗争

明朝统治者为了摆脱财政危机的另一做法是对城市工商业者大肆掠夺。从万历二十四年（1596年）起，神宗派遣大批宦官充当矿监税监（使），分往各地开矿、征税。这些宦官在各大城市中莫不疯狂掠夺，或借口开矿强占土地，或巧立商税名目横征暴敛，甚至随意捕杀人民并处置地方官吏，这就引起一系列城市居民反抗矿监税使的斗争。

矿监税使在各地狐假虎威，为非作歹，对人民残酷地进行敲骨吸髓般的压榨，深深地激怒了广大城乡人民。万历二十七年（1599年），反抗税使的民变首先在山东临清发生了，这一民变的矛头所指就是神宗派去的税使马堂。马堂当时是天津税使，并兼辖临清。他纵容手下爪牙对民户肆意进行敲诈抄掠、籍没田产等非法活动，致使临清有中等以上家产的人家破产，商旅小贩不入临清城，平民百姓无力维持生计。终于在四月的一天，在商贩王朝佐带领下，万余名愤怒的民众纵火焚烧马堂的衙署，打死其爪牙三十余人。虽然事后王朝佐被处死，但马堂的嚣张气焰也因此受到了打击。

万历二十九年（1601年），在湖广士民中享有威望的佥事冯应京因反对税使陈奉的强征暴敛而被捕入狱，当时士民"相率痛哭"，陈奉却贴出历数冯应京的罪过的布告，被激怒的数万民众将陈奉的官衙包围并焚烧，陈奉仓皇出逃，民众将其平日为虎作伥的爪牙陈文登等十六人抓住绑起来扔入了长江。同年，江西上饶、景德镇出现反抗税使潘相的民变，苏州发生反抗苏杭织造孙隆、刘成的民变。万历三十六年（1608年），辽东掀起反对矿监高淮的民变和兵变，参加的士兵达万人之多。万历四十二年（1614年），福建爆发了有近万名手工业工人参加的反对税使高案的民变。除了上述大规模反税使矿监的民变和兵变外，小规模斗争更是数不胜数，先后有万历二十七年（1599年）仪真税使因抽税激发民变，二十八年（1600年）广东新会民变，山西蔚州平民毕旷等殴伤太监王虎的参随，三十一年（1603年）北京西山熏户之变，三十二年（1604年）易州矿徒之变，等等。这些斗争所涉及的人员范围遍及城镇中的工商业者和由诸生、举人、乡官组成的乡绅及士兵等。在多次民变中，工商业者起到了较大的作用，这是商品经济在当时取得了相当发展的具体反映。

自万历三十三年（1605年）开始，神宗逐渐对开矿收税政策进行改变。首先，在这一年的十二月，以"得不偿费"为由，正式下达了停止开矿的谕旨。同时规定税务的征收工作由地方有司负责，征收的税款分为两个部分：一份归宫廷内库，一份归工、户两部主管的国库。税银的解送由税监负责，税额和这之前比起来也有所减少，间或也会被用在赈济等公益事业上。对于税使，如其死去或被撤回北京，原由其负责的事宜一般都交与附近的矿监代管，而不再另派宦官接任，湖广、仪真、陕西、辽东、山西等地区的税使就先后被撤职，这使得全国各地的税使的总数呈下降趋势。

万历四十八年（1620年），神宗驾崩。遗诏中将一切矿税及新增的烧造、织造等名目都予以罢除，对那些因进言停罢矿税而遭罢黜的官员，酌量起用，同时将张晔、胡滨、马堂、潘相、丘乘云等税使即行撤回北京。而到这时，这场流毒全国的矿课悲剧已持续了近三十年，"斯当时也，瓦解土崩，民流政散"，社会经济日渐凋敝，吏治败坏，政局紊乱，暴乱迭生，大危机正在酝酿之中。其间城市居民的斗争在中国历史上还是第一次出现，这说明随着商品经济的发展，城市居民形成了一定的力量，开始展开反封建的斗争。

起义爆发

　　明代民间宗教中最主要的是白莲教。朱元璋投身元末明教为主体的农民起义而夺取天下建立了明朝，但是当时的明教实际上已经不是由摩尼教发展而成的明教，而是"已合于佛，已混于道，又与出自佛教之大乘教、三阶教合"，"又与出自佛教净土宗之白莲社合，与出自佛教净土宗之弥勒教合"。

　　到明朝后期，随着政治的腐败，社会矛盾激化，白莲教等民间宗教的传播也更加活跃，并且由白莲教众为主体的农民起义不断发生，主要有：嘉靖二十五年（1546年）汶上连氏与白莲僧惠金、杨惠通起义；嘉靖三十六年（1557年）乌镇道人李松起义；嘉靖中期重庆大足蔡伯贯起义；万历二十七年（1599年）徐州赵一平、孟化鲸起义；万历三十二年（1604

年）福建瓯宁吴建、吴昌起义；万历三十四年（1606年）临淮刘天绪起义；万历四十二年（1614年）王森起义；天启二年（1622年）王森弟子徐鸿儒起义。

明代的白莲教在发展过程中产生出许多分支，明末著名的白莲教经卷《古佛天真考证华宝经》中确认为白莲教支派的就有红阳、净空、无为、西大乘、黄天、龙天、南无、悟明、金山、顿悟、金禅、还源、圆顿、收圆等。而当时的涅槃教、三一教、长生教、老子教、龙华会、忠勇会等，也都是白莲教的分支，应州的罗廷玺、湖州的马师祖、单县的唐云峰、重庆的蔡伯贯等则是当时较为著名的白莲教首领。可以说终明之世，白莲教始终活跃于全国各地的民间，贯穿于整个下层社会，甚至宫中宦官也多有信奉白莲教者，因此，民间宗教的传播成为明朝统治者深感不安之事。明代的民间宗教虽然大多属于白莲教的支派，但是其中也有较为特殊的情况，如罗清创立的无为教，高阳、韩太湖创立的弘阳教，虽有不同于白莲教的特点，但在其发展过程中逐渐与白莲教融合了。

万历二十三年和二十四年（1595年和1596年），王森两次被捕入狱，后死于狱中。其子王好贤与山东巨野（今山东巨野）人徐鸿儒、景州人于弘志继续推行白莲教，并且教众还越来越多，仅山东一地，就有二百多万徐鸿儒的法门弟子。

万历末年（1620年），由于连年灾荒，山东巨野一带出现了"民相食，骨肉不相保聚"的悲惨景象。滕县、兖州等地，也是饿殍遍野，死者盈道。这时，由于后金贵族大肆向关内扩张，明政府一再向农民加派征辽饷银等赋税，万历四十六年（1618年）九月到万历四十八年（1620年）三月，短短十八个月，明政府便先后三次增加田赋；明熹宗天启元年（1621年），明廷又加派关税、盐课及各种杂税，这就更加将山东饥民推向了绝路。

第二章 风起云涌的农民起义

天启二年（1622年）五月，山东徐鸿儒正式率领白莲教徒发动起义。

徐鸿儒，原名徐诵，山东巨野人，后移居郓城。师从于闻香教主王森，是山东白莲教的领袖，从事传教工作有二十多年。天启二年（1622年），蓟州闻香教首领王好贤看到明政府在与后金的作战中连连战败，而下层百姓则处于水火之中，盼望有人能够发动推翻明朝的起义，便与徐鸿儒秘密约定，联络各地的白莲教徒在该年的中秋节同时发难。徐鸿儒针对山东农民饥寒交迫民不聊生的凄惨情况，提出了如果皈依白莲教，可以安保终身不贫，能够见到金银山、米面山、油泉酒井，使他们的温饱要求得到满足。于是一时之间，巨野、郓城一带饥民趋之若鹜，携子领妻前来相投，这样，徐鸿儒很快就汇集起来了几万大军。农民军声势浩大，官府都不能遏制。由于起义计划泄露，徐鸿儒便"以事相激"，率先发难。他以印传旗，命令各地白莲教徒同时以头裹红巾为号起事，将起义旗帜公开亮出来，并占据了郓城的梁家楼。徐鸿儒自号"中兴福烈帝"，改年号为"大乘兴胜"。起义爆发之后，四方响应云集。郓城县令余子冀忙拼凑兵丁乡勇前去对之进行征讨，但兵丁们大多寻机逃跑。

五月十三日，起义军突袭郓城，里应外合之下，不久便将郓州城攻陷，余子翼只身潜逃。十四日，起义军回师向巨野城发动猛攻。因巨野事先有备，且巨野城城墙厚重，明军众多，故起义军一时未能将之攻克。起义爆发后，曹州（山东菏泽）、濮州（山东鄄城）为之震动，兖西兵巡道阎调羹忙从各县乡调兵，连夜赶往郓城、巨野；巡抚都御史赵彦、总河侍郎陈道亨、巡抚都御史王一中等人自五月二十日开始，合兵对侣家楼、武安集等地的起义军加以围剿，并先后杀死起义军六千人，但起义军仍坚守其主要据点梁家楼。

起义失败

徐鸿儒在梁家楼与官军奋战之时,隶属于他的另一名闻香教首领张东白也在邹县杨徐镇聚集起数万之众揭竿起义。此时官军乡勇大都被调往郓城、巨野一带,兖东一带防守空虚,因此这支起义军发展顺利。五月十七日,张东白攻下郓城,署印通判郑一杰冒雨出逃。与此同时,另一支起义军在兰陵人沈智率领下围攻滕县,当地的百姓绝大部分都参加了起义军,守城的壮丁纷纷溃逃而去。知县姬文允上任才三日,却不得不亲自前往各街巷"遍打门户,催呼守城",然而应者寥寥无几,姬文允急得呕血数碗。他站在城墙上,询问起义军为什么要起义,起义军回答:"祸由董二。"董二,滕县乡绅,前延绥巡抚董国光之子,长期鱼肉百姓,为祸乡里。不多时,滕县城池被攻破,姬文允被活捉,董国光逃走,其女儿、女婿均被起义军杀死。六月七日,起义军又在峄县城外大败兖东道王从义,随即便攻克了峄县城。

六月十一日,徐鸿儒起义军向邹、滕一线转移。由于当时明军结集于巨野、郓城一带,徐鸿儒虽多次进攻,但仍未攻下巨野。接着起义军又在梁家楼、武安集接连受挫,起义军于是便放弃郓城、巨野的营地。十二日,明军的防线被起义军突破。十七日,起义军渡过运河向东而行,沿途官军大多紧闭城门,不敢应战。

六月下旬,徐鸿儒与沈智、张东白三方会师。此时,起义军已拥军十余万,声势浩大,淮河、济南一带为之震动,明政府也大为震惊。当时都司杨国栋已调回邹县,都司廖栋也尾随徐鸿儒折回兖东。杨、廖会合后,明军开始进攻邹县。双方一经交锋,徐鸿儒便出奇兵,突袭明军两翼,明军溃败,退守兖州。起义军随即夜袭官营,杀死游击将军张榜,获得大量兵器、粮草。邹县是孟子的故乡,城外有孟庙和孟子嫡系子孙居住的"亚圣府"。在占领邹县期间,起义军把"亚圣府"包围,杀死了世袭翰林院五经博士孟承光的长子孟宏略,随即又活捉孟承光及其母亲,并将之就地处死。起义军最后还把孟庙捣毁,将"亚圣府"夷为平地。

七月,于弘志率白莲教徒在阜阳起义,因为是孤军奋战,因此很快便遭到官军围剿,于弘志本人被斩于马下。艾山白莲教首领刘永明自称安民王,令手下二十八将分别涂面,号"二十八星宿",也聚集了两万多人发兵,他们同样被官军镇压下去,在就刑时刘永明还自称"寡人"。

七月十四日,徐鸿儒、张东白率起义军攻占了沛县与滕县交界处的夏镇,截获粮船四十多艘,漕运河道也被阻断。后把总①姚文庆等人集合乡勇军壮,又将粮船夺了回来。接着起义军又奔至沛县,斯时拥至沛县城下的起义军有万余名之多。知县孔闻札率将士浴血奋战,这才保城池不失。后官军援军抵达,起义军拔营而去。

起义军迅速发展,到这时又占领了十多个据点,人数也达十几万之多。他们先后进攻沛县,包围曲阜,袭击郯城。山东巡抚赵彦一面火速檄令所部乡勇,增派兵力前往各主要城堡加强守卫,将郓城和峄县收复回来,一面十万火急地向明政府请求援军。当时内地承平日久,山东所驻的军队不多,眼见起义军发展壮大,明政府迅速调集了四五省的兵力,包括两广支援东北对后金作战的军队,天津、登莱的海防部队,以及沂州、真定、保定的地方武装势力在内,一起前往山东,此外还集中了各地义勇乡

---

① 把总,明基层军官名,正七品。

兵数万人。熹宗起用休致在家的原大同总兵杨肇基为山东总兵，与巡抚赵彦一道坐镇兖州。张东白等人趁杨肇基尚未抵达兖州之机，组织起十八万起义军兵分三路向兖州发起进攻，准备先取兖州，然后再进攻济南，但计划未能成功。此时，起义军除将主力布置在邹、滕一线外，还分兵在两县之间的峄山周围，连结数营，与邹、滕相为犄角。这样，在兖州的战场上，双方展开了生死决战。

兖州是鲁南的军事重镇，兖州府的所在地。起义军向兖州发动进攻，总兵杨肇政派军队出城对起义军进行掩杀，起义军支撑不住，于是便又撤回到滕县。官军于是又向邹县发动进攻，但前后经历大小激战数十次，仍未能将之攻克，赵彦于是指挥官军"偃旗息鼓，暗袭各营"，偷袭峄山外围据点。起义军撤到峄山，凭险固守，但旋即又遭到邹县、汶阳的乡勇的攻击，峄山终告失守。这时，官军又围困邹县，将邹、滕两地之间起义军的联系切断，直到此时，白莲军在邹、滕两地的兵力仍有近十万人。

同年九月二十日，滕县起义军出城打粮。由于官军长时间的围困，滕县城内的粮食供给已经断绝，并且还瘟疫流行，每日亡故者以百计。十一月十一日起义军行至巨野县康家集时中官军的埋伏，最后全军覆没，徐部仍坚持战斗。十月，官军收复锡山。徐鸿儒、张东白等孤军奋战，被围困在邹县城中，这时，邹县城中粮食断绝，又暴发了瘟疫。起义军都督侯五、总兵魏七等人将义军旗帜拔去，据城乞降。官军看准了时机发动火攻，但城中徐鸿儒等三百人仍苦苦支撑，拒不投降。徐鸿儒等在形势不利的条件下，仍固守邹县、滕县，与官军抗衡。明军调集山东、北直隶等地的大量官军，围徐鸿儒军于滕县。后因徐鸿儒部下叛变，十月十九日，邹县城失守，徐鸿儒落入官军之手，旋即被押往京城。

十二月，徐鸿儒被车裂于市，起义宣告失败。

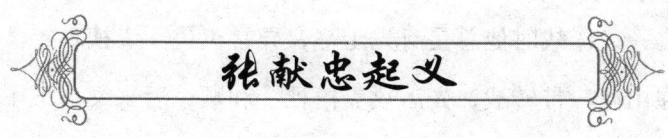

"黄虎"扬威

明崇祯三年（1630年），张献忠积极响应王嘉胤的反明号召，率米脂十八寨农民起义。他英勇善战，很快成为三十六营的主要首领，自号八大王，改营为"西"，又称"西营八大王"。因身长面黄，又被人称为"黄虎"。

明末政治腐败，农民破产，压迫剥削日益加重，陕西又逢旱灾，人民无法生活。王嘉胤、杨六、张存孟等在崇祯元年（1628年）七月陕西府谷等地首举义旗，全陕响应。崇祯元年至三年（1628—1630年）间，高迎祥、张献忠、李自成等先后起义，陕境共有义军百余部。千部官军边兵，因缺饷哗变，亦加入义军，并成为骨干。此时义军作战，自发性、盲目性强。明廷令三边总督杨鹤采用"剿抚兼施、以抚为主"的战略，但明廷无力养活大批饥民，已就抚者，纷纷再起。杨鹤为此入狱，洪承畴继督陕西，改用"以剿兼抚，先剿后抚"的方针，集中兵力进攻陕西义军。各部义军先后东进，崇祯四年至六年（1631—1633年），活动中心移至山西。

作战亦由极度分散、各自为战发展为相对集中、互相呼应。高迎祥、张献忠、李自成、罗汝才等部二十余万人，号称三十六营，一度破大宁、隰州、泽州、寿阳等城。

崇祯四年（1631年），高迎祥联合农民起义军三十六营，张献忠便是其领导人之一，作战时他总是身先士卒，异常英勇。崇祯六年（1633年）正月，他在山西一带转战，先后攻克檀杜、和顺，后来又攻下了寿阳、榆次、平定，就连当时山西的省府太原也曾一度受到他的威胁。二月，他又南下四川，接着又东下湖广竹山县。第二年，他又再次从河南进入四川，与四川地方武装及明朝官兵进行了激战，前后历时达半年之久，不仅打乱了四川封建统治的秩序，而且还将起义的种子散播在了四川。

崇祯八年（1635年）正月，十三支起义军的领袖在河南荥阳召开会议，商讨今后如何作战。作为主要领导人之一，张献忠参加并与闯王高迎祥共同主持了这次会议。会后，他与闯王高迎祥、闯将李自成联合统兵向东进军，并一路攻下河南许多州县。不久，又进军安徽，并一举攻破了明中都凤阳，烧毁了明皇陵，挖了朱明皇帝的祖坟，从而从精神和心理上给了思宗和明朝廷很大的打击。

崇祯九年（1636年），张献忠在陕西、河南、湖广一带活动，继续与明官兵周旋。这一年七月，闯王高迎祥被俘牺牲，李自成也一再失利，在这种情况下，张献忠部便成了明廷围剿的重点对象。崇祯十年（1637年），张献忠联合马守应等从河南进入湖广，并进攻襄阳，令湖广为之震动。

伪降之计

崇祯十年（1637年）八月，张献忠在河南南阳地区与官军左良玉部遭遇，并进行了一场战斗，结果被左良玉击败，自己也在战斗中负了伤，于是他将队伍转移到湖北麻城、蕲州一带。这一年的十一月，罗汝才在湖北的房县接受招抚。此时，李自成也因屡遭挫败，率军隐伏在商洛山中，至此，农民起义进入低潮。崇祯十一二年间，在明军的围攻下，很多起义军先后投降了明朝。崇祯十一年（1638年）十二月，熊文灿派遣一度卷入农民军中的生员卢鼎进入张献忠营内招降，张献忠经过考虑表示愿意受招安。第二年正月，张献忠率领部队进驻湖北谷城。在当时孤立无援，而明军势力又很强大的形势下，张献忠决定诈降。他知道熊文灿贪财好货，就派孙可望拿了两块一尺多长的碧玉和两枚直径达一寸多的珍珠献给熊文灿。熊文灿为之大喜，当即便上奏明廷请求招降张献忠部，思宗亲自批准了他的奏疏，张献忠于是在谷城接受招抚。

张献忠受抚本来就是权宜之计，因此，受抚期间他既不接受明军改编，也不将军队遣散，对明廷调他去镇压别的起义军的命令则更是不服从，并始终保持相对的独立性。他用驻兵谷城的机会，积极筹集粮饷，将部分军队调出去屯耕，还在沔水、汉水交汇处设立关卡，征收赋税，同时还加紧操练，积蓄力量。张献忠本人也潜心研读孙吴兵法，并创造出了团营方阵，左、右营作战等战法，还制造出狼牙棒、三眼枪、埋伏连弩等兵器。同样，罗汝才也对熊文灿下达的解散部队的命令不予理睬，并加紧操练士卒，囤积粮草，与张献忠遥相呼应。这同时也给了明廷一个暂时喘息调整的机会。

东山再起

崇祯十二年（1639年）五月，张献忠因对官府腐败官僚无止境的索贿、敲诈及对自己的刁难、不信任已感不满，加之受到李自成的影响，起义军又活跃起来，再次起义于谷城。明政府急派大学士杨嗣昌督师襄阳，统兵十万，对张献忠大举围剿。张献忠奋力突破包围，经由鄂西、陕东第四次入川，杨嗣昌也领兵入川追击。张献忠采用"避实捣虚""以走致敌"的战略，领兵疾走不停，从崇祯十三年（1640年）七月到十四年（1641年）正月，在半年之内，转战达州、泸州、广元等地，几乎走遍全川，行程五六千里，使明军疲于奔命，无法追及，仅尾随而已。当明军精锐都聚集在四川的时候，张献忠急由四川开县东下，进入湖广，昼夜疾驰，仅用了八天时间，行军一千多里，突然出现在襄阳城下，一举破城，杀死襄王朱翊铭和贵阳王朱常法，击破光州等地，时在崇祯十四年（1641年）二月，杨嗣昌愤惧交集，自缢于军中。这年正月，李自成也乘势进入河南，攻破洛阳。从此，农民军形成李自成和张献忠两大主力，分别在北方和南方战斗，并获得节节胜利。

之后，张献忠又率部于河南、湖广、安徽一带转战，罗汝才部后来则与李自成会合。崇祯十六年（1643年）初，孝感、汉川和汉阳府等地区被李自成部义军占领，并且其兵锋直指武昌，但这时李自成忙于处理贺一龙

第二章 风起云涌的农民起义

和罗汝才的问题，部队需要重新整编，一时间无暇东顾。在这种情况下，张献忠就率军从安徽攻入湖广。五月，在攻克武昌后，张献忠把贪婪而又吝啬的楚王朱华奎装进笼里投入长江，并下令将楚王府库打开。当看到库中积金百万时，张不禁叹道："有如此多金钱，竟还是守不住武昌城，朱胡子（指楚王）真是个蠢东西。"

占领武昌后，张献忠称西王，正式建立大西政权，定武昌为大西政权的首都，并铸西王之宝，将武昌府改名为天授府，又将江夏县改名为上江县。在中央设立六部、五府，京城设五城兵马司，还任命了二十一个州县的官员，并分别发给他们官印，此外，还分别赏赐银两给他们，数量从几十两到一百两不等。同时，开科举，建立学校，选拔读书人做官，还拿出银两来赈济饥民。在这种情况下，武昌附近的蕲州（今湖北蕲春县）、黄州（今湖北黄冈）等二十几个州县闻风而投。

崇祯十七年（1644年）初，张献忠率马步水军四十万由荆州（今湖北荆州市）溯江而上，连败沿途十三个隘口守军及赴援的明女总兵秦良玉部，攻克四川夔州（今奉节）、万县，直抵涪州（今涪陵）。明守将赵荣贵不战而逃，参将曾英率众一战即溃，负伤南遁，农民军乘势加速进逼重庆，于六月抵重庆东大门铜锣峡。四川原巡抚陈士奇为保重庆，遣重兵东扼铜锣峡，西守浮图关。张献忠又采取声东击西的战法，以舟师攻铜锣峡，自率精骑在铜锣峡口南岸的大兴场登陆，由小道西进，绕过重庆城疾驰约七十公里，破江津县，夺得船只。之后令部分骑兵渡至北岸，沿陆路急驰重庆西南陆上门户——浮图关，自率船队由江津县顺江而下，在重庆与浮图关之间的菜园坝登陆，直插两路口，迫使腹背受敌的浮图关明军仓皇撤回城内。农民起义军乘势夺取浮图关，卡死了明军的陆上退路。驻守铜锣峡的明军闻大西军已出现在重庆城下，迅速溃散，农民起义军主力立崇祯十七年（1644年）一月一日，李自成在西安称帝，以李继迁为太祖，建国号"大顺"。改元"永昌"，造甲申历，封刘宗敏、田见秀等以下功臣为五等爵。又改革官制，改内阁为天佑殿，设大学士平章军国事一职，并由牛金星担任。任命宋献策为军师，以下设六部正副尚书、侍郎，以分理政务，地方上又增设省节度使和巡按直指使，以及道防御史、府尹、州牧、县令等。

即过峡，合围重庆。经六天激战，农民起义军于六月二十二日炸塌通远门转角城墙，攻占重庆。张献忠下令将驻守重庆的明瑞王朱常浩、四川巡抚陈士奇等处死。

七月初四，张献忠乘胜率师日夜兼程向川西南挺进，连克沿途州县，于八月初九，攻克成都，执斩巡按御史刘之勃、巡抚龙文光、总兵刘佳允等，蜀王朱至澍投井自杀，其他官员当了俘虏。义军进入成都时，号称"六十万大军"，很快控制了四川大部分地区的州、县。在成都，张献忠先号称"秦王"，接着宣告建立"大西国"，改元大顺，建立健全制度，后称帝，以成都为"西京"，八月十六日登基。

李自成起义

闯将李自成

李自成，陕西米脂人，农民出身，曾当过和尚，做过牧羊奴。成年后，充当驿卒，有勇有谋，"能得众"，并有一身好武艺，善于骑射。二十一岁时，他因打伤了地主，逃到银川当一名驿卒。当时，全国到处都有农民起义爆发。天启七年（1627年），陕北白水县农民王二率领数百农民杀死知县张斗耀，揭开了明末农民战争的序幕。陕北巡抚得报后，因怕受到朝廷怪罪，充耳不闻，起义军队伍乘机迅速扩大。

崇祯元年（1628年）十一月，高迎祥在安塞聚集饥民造反。没过多久，陕西各地区的饥民纷纷响应，杀死县官，举行起义，先后有苗美、飞山虎、大红狼在宣川起事，王虎、黑煞神在洛川发难，王和尚、混天王于延川揭竿而起。崇祯二年（1629年），后金军队打到北京城下，陕西调动部队到北京勤王，走到中途，士兵发生兵变，也加入到了起义的队伍中来。为了筹集军费，崇祯三年（1630年），明政府大幅裁减驿站经费，因之失业的李自成无法维持生计，又因还不起艾举人的高利贷，几乎被折磨得死掉，于是便杀死艾举人，投奔到不沾泥张存孟的部下为兵。

崇祯三年（1630年），李自成在义军中担任了队长一职。崇祯四年（1631年），不沾泥张存孟兵败降明，李自成则率领部分起义军离开，独自在群山中活动，不久又投至高迎祥部下。高迎祥自称闯王，李自成骁勇善战，被义军称为闯将。

明朝廷对起义军的策略大体上是剿抚并重，当时的陕西三边总督杨鹤力主招抚，对此，思宗也支持。但是不少起义军被招抚后又背叛，这使得招抚的效果不大，其中影响最大的一支是神一魁。神一魁受抚后，杨鹤觉得神一魁的部下茹成名桀骜不驯，难以控制，怕日后会闹出事端，便逼使神一魁处死茹成名，引起神的部下黄友才等的猜忌，于是黄友才他们挟持神一魁再次叛变。在官军的进攻下，他们又杀死神一魁，再次投降。但过不久，又背叛官军，再次起义。崇祯四年（1631年）九月，杨鹤因主抚失败被逮捕，其三边总督一职则由洪承畴继任。洪上任后改变了策略，采取围剿残余起义军的措施，有几支农民起义军曾一度被其镇压下去。不沾泥部、黄友才部、红军友、杜三、杨老柴部、郝临庵、刘道江、可天飞部等均被先后镇压。

但起义军中的李自成部与张献忠部却在这种情况下日渐活跃。

明末的农民起义军最初在陕西兴起，但从崇祯三年（1630年）开始进入山西，从崇祯四年到六年（1631—1633年），山西是起义军活动的中心地区。当时几支比较重要的义军队伍是马守应、王嘉胤、王子顺、八金刚、张献忠、李自成、罗汝才等部，其中王嘉胤部实力最强。崇祯四年（1631年）六月，王嘉胤被其部将王国忠杀死，另一个部将王自用则率领余下的起义军逃跑。不久，王自用联合了山西境内的三十六营义军共二十万人，这其中有闯王高迎祥、闯将李自成、八大王张献忠、罗汝才、马守应等诸部。崇祯六年（1633年）五月，王自用因病死于河南，此时闯将李自成开始在义军中崭露头角，并深受义军的爱戴。

崇祯五年（1632年）十二月初七，临洮总兵曹文诏奉命和部将马科、曹变蛟等人一道，带领精兵三千五百人由甘肃庆阳出发，经潼关渡河前往山西蒲州、河津起义军聚集等地，后又转至平阳、潞安一带起义军经常出没的地方，准备进行一场大范围的围歼。明廷对曹文诏率领的军队寄予很大的希望，思宗亲自批准给他先加升一级，给了他号令其他地区官军的权力，马科、曹变蛟等也分别升官以资鼓励。统治者希望把陕西的战果扩大到山西，一场围歼山西起义军的战斗就要开始了。

为了堵截起义军进入离京较近的平原地带，保护京师的安全，思宗调集重兵配合大名兵备道卢象升和山西官军夹剿义军。在同官军的作战中，起义军根据有利地形采取游击战术与官军游战于晋、冀、豫三省。官军摸不着义军的落点，时常处于被动挨打的状态。思宗感觉到事态的严峻，派太监陈大奎、阎思印、谢文举、孙茂霖为内中军，前往三省之地监督曹文诏、邓玘、张应昌三总兵。

崇祯六年（1633年）冬天，明军队屯集在山西、河南、河北三省的交界地区，对起义军进行围剿。起义军能够活动的范围越来越小，同时粮食补给也很困难。为摆脱困境，闯将李自成等向京营总兵王朴伪称愿意受抚，王朴和监军太监贞九德、杨进朝不知是计，对此表示同意，当时诈降的首领包括闯王高迎祥、闯将李自成、八大王张献忠等一共六十一名。起义军用假投降做掩护，迷惑明军部队，同时积极筹措粮食给养等。十一月二十四日，义军突然从黄河冰面上疾驰南下，一直进抵河南渑池县内的马蹄窝、野猪鼻，从而突破了明军的围剿，将起义推到了一个新的阶段。

进入河南后，起义军部队兵分两路，其中一路由横行狼、一斗谷、扫地王、满天星等八营组成，有十八万兵马，向西进入武关，然后又向西安挺进；另一路在高迎祥、李自成、张献忠、马守应等的率领下，进入了卢氏山区，并横扫湖广郧阳、襄阳地区。

继任闯王

崇祯七年（1634年）年初，明朝特地设立山西、陕西、湖广、河南、四川省总督一职，并任命陈奇瑜出任总督，专门负责围剿起义军。陈奇瑜调集各路官军在河南陕州（今属河南三门峡市）集结，然后指挥部队向南前进，向湖北均县、竹山一带起义军发起围剿。七月，李自成、张献忠向陕南撤退，不幸误入兴安州（今陕西安康市）的车箱峡中。车箱峡山势陡峭，峡口又被官军封死，再加上当时连降四十天的大雨，连弓箭的箭头都因为潮湿而脱落，有的马也饿死了，士兵又伤亡超过一半，局势非常危险。为了摆脱这一困境，李自成便用财物贿赂陈奇瑜的左右，表示愿意投降。在兵部尚书张凤翼的支持下，又加上得到了思宗的亲自批准，陈奇瑜遂表示接受李自成和张献忠的投降。

但义军一等出了车箱峡，完全恢复后，便马上又与明军展开厮杀，并迅速攻占了西安附近地区及甘肃庆阳一带。对此，思宗很是恼怒，他于是下令将陈奇瑜革职，并逮捕下狱。为了围剿起义军，他又任洪承畴为兵部尚书，总督山西、陕西、湖广、四川、河南等地军务。

崇祯七年（1634年）年底，各路农民军迅速向河南荥阳地区集结。第二年正月，十三支七十二营的起义军首领在荥阳开会对以后的作战和义军发展的战略问题进行了讨论。这十三家首领是：闯王高迎祥、八大王张献忠、马守应、革里眼贺一龙、罗汝才、左金王蔺养成、射塌天李万庆、改世王许可变、横天王、混十万马进忠、过天星惠登相、顺天王、九条龙，闯将李自成作为高迎祥的裨将也参加了会议。会上大家意见不统一，讨论进行得非常激烈，并且互相相持不下，最终不能做出统一的决定。李自成提出：我军军力是官军的十倍，应当对部队进行分散并各自选定一个方向发动进攻。李自成的这一提议得到了大家的一致赞同。会上决定，革里眼、左金王、横天王、混十万等联合进攻四川、湖广、陕西，高迎祥、李自成、张献忠引兵东进安徽。这样做使得南面到湖广、北面到黄河、东面到安徽、西面到陕西的广大地区都成了农民起义军战区。荥阳大会改变了农民军分兵作战的局面，此后起义军便开始互相协同作战了。

崇祯八年（1635年）正月上旬，高迎祥、李自成、张献忠等率军经河南汝宁府向东并进入安徽。十一日，起义军攻下颍上，处死了明朝廷的兵部尚书张鹤鸣，接着起义军又向凤阳进发。

凤阳是朱明王朝的"龙兴"之地，朱元璋的父母都葬在这里，它被称为皇陵，并被定为中都，在政治上享有特殊地位。崇祯八年（1635年）正月十五日清晨，扫地王、太平王等部起义军突抵凤阳。由于凤阳是"龙兴"之地，因此没有城墙。起义军进攻到鼓楼，明官军还不知道，还对通报该消息的人予以重重惩罚，直到起义军出现在面前，才仓促应战，但是为时已晚。义军攻入凤阳，释放囚徒，并放火烧毁了皇陵，且挖了皇帝的祖坟。三天后，起义军才从容离去。中都沦陷，祖坟被挖，在精神上来讲对朱明王朝是一个极大的打击，对此，思宗大为震怒，下令处死凤阳巡抚杨一鹏，并将巡按凤阳御史吴振缨遣戍。

这之后，思宗加强了对农民起义军的镇压，他令洪承畴率领中原各省官军共七万多人一起对起义军进行夹击围剿，又发军饷一百多万两，下令要在半年之内将起义军全部消灭。但起义军却发展得更为壮大，他们又从安徽杀回陕西、河南。李自成率部于汉中、西安、延安一带转战，同洪承畴厮杀周旋。

崇祯九年（1636年），高迎祥率领部队在江淮河南一带进行战斗，陕西巡抚孙传庭和三边总督洪承畴跟在后面进行围剿。七月，在战斗中，高迎祥不幸被俘。高迎祥是当时极为重要的一位农民领袖，他的被俘对当时农民起义军影响颇大，因此，思宗得知后大喜。后来，高迎祥在北京被处死。不久，李自成被起义军们推举为闯王，后来又转战于西北及四川等地区。崇祯十一年（1638年），起义军败于梓潼，被迫离开四川北上。后河南发生灾荒，农民多起义暴动，又投奔李自成义军，李自成义军队伍迅速壮大。几经战斗，明军主力被消灭，起义军控制河南全省，部众近百万，其他农民军首领如罗汝才等多归附李自成，李自成起义军成为明末农民起义军的主力。

李自成建立政权

杨嗣昌（1588—1641），字文弱，武陵人，陕西三边总督杨鹤之子，万历三十八年（1610年）进士。崇祯初年曾任永平、山海诸处巡抚。崇祯七年（1634年），以兵部右侍郎兼右佥都御史总督宣、大、山西军务。他"博涉文籍，工笔札，有口辩"，并深得事君之道。崇祯十年（1637年），思宗命在家中为父亲服丧的杨嗣昌为兵部尚书，专门负责围剿起义军。崇祯十年（1637年）三月，杨嗣昌抵京上任。上任后，杨嗣昌便提出了一个"四正六隅十面张网"的围剿策略，以对付日益壮大的农民起义军。

杨嗣昌制定的战略部署是建立在"安内方可攘外"这一基础上的，他认为农民起义军是腹心之患，清兵的军事进攻为肩臂之患，应集中力量对付起义军。因此，他十面张网，进行了全面围剿起义军的战略部署：他以陕西、湖广、河南、江北这四个省区作为围剿起义军的主要战场，将之称为"四正"；又以延绥、山东、山西、江西、江南、四川六个省区为辅助作战的战场，称之为"六隅"；在这十个省区设立十个巡抚负责指挥"专讨"起义军的主力，称之为"十面张网"。为实施这一部署，杨嗣昌在十个防区内增兵增饷。他建议共增兵十二万，具体方案是：凤阳和泗州祖陵官兵增兵五千，承天祖陵官兵增兵五千，该部官兵坚守不动；陕西三边总督统兵增兵三万，总理军门统兵增兵三万，为机动兵力，专门追剿起义军；凤阳、陕西二巡抚各统兵增兵一万，湖广、河南二巡抚各增兵

一万五千名。

同时,增饷二百八十万两,而所采取的筹饷的办法为"日因粮,日溢地,日事例,日驿递"。因粮就是加派,计加派一百九十二万余两,是为剿饷。溢地,就是将农民新开垦的田地计亩征税。执行时,户部尚书程国祥竟援引唐例,向城市居民征收门面税,每户税银一钱,额定四十余万两。

李自成率部在四川、甘肃、陕西一带活动,处处遭到官军的打击,屡战屡败。崇祯十一年(1638年)十月,在潼关南原李自成部遭遇到洪承畴和陕西巡抚孙传庭优势兵力的合击,经过浴血奋战,最后仅李自成和刘宗敏等十八人突围。突围后,他们隐伏在陕西商洛(商县—洛南)山中,一直到崇祯十三年(1640年)秋天。李自成在商洛山中一边收集流失的老部下,整顿人马,一面伺机再度出山。

崇祯十三年(1640年)十一月,李自成率领部队从商洛山出来,向河南发起进攻。那个时候河南正是饥荒的年份,饥民遍地都是,这些饥民纷纷加入李自成的队伍,使得起义军的实力迅速壮大。还有一些失意的地主阶级知识分子如牛金星、李岩、宋献策等也参加了起义军。他们的加入,使李自成如虎添翼。李自成在河南一带转战,不久就攻下了豫西宜阳、永宁、新安等县。崇祯十四年(1641年)正月,李自成军队发展到数万,提出"均田免赋"的口号,即民歌之"迎闯王,不纳粮"。李自成于崇祯十四年(1641年)正月二十日攻克洛阳,杀死福王,从后园弄出几头鹿,与福王朱常洵的肉一起共煮,称为"福禄宴",与将士们共享。

在取得胜利的同时,李自成还听从李岩、牛金星等人的建议,提出了一些纲领性的口号:针对当时赋苛税重和土地高度集中的现状,李岩提出了"均田免粮"的口号,每到一地,起义军都宣布"三年免征"或"五年不征";还提出"平买平卖""割富济贫"的口号……由此,起义军越发得到百姓的拥护。

同时,起义军自身也严明纪律,宣布"不淫妇女,不杀无辜,不掠资财"和"杀一人如杀我父,淫一人如淫我母"。起义军还严禁骚扰民宅,严禁行军时毁坏百姓庄稼。由于起义军纪律严明,并且经常开官仓赈济饥民,故深得百姓拥戴,队伍也越来越壮大。

崇祯十四年(1641年)二月,李自成率军向开封发动围攻。二月十七日,当在城下观察敌情时,李自成被射中左目,伤口深达二寸。第二天,李自成便率起义军向西转移,并攻克密县,此后,他又转向登封。七月,他与罗汝才部联合,实力得到进一步增强。九月,李自成攻破项城,打得明军大败。十二月,李自成再一次围攻开封,攻城达二十多日然而未果,最后于崇祯十五年(1642年)正月撤走。二月,攻克襄城。之后到五月初,他又接连攻克县城十多座。五月他又第三次向开封发动进攻,一直围攻到九月中旬。九月十五日,黄河忽然决口,开封于是不战自破。同年十一月,李自成部与革里眼贺一龙、左金王蔺养成、争世王贺锦、马守应、治世王刘希尧等合营,这使其实力更加壮大,并从此形成了李自成和张献忠为首的两支起义军并存,张献忠在四川、湖广与明军作战,李自成在河南、湖广、陕西三省战斗的局面。

明代将官甲胄

第二章 风起云涌的农民起义

崇祯十五年（1642年）闰十一月，李自成攻克河南汝宁，从此河南黄河以南地区便为其所控制。十二月，他又进军湖广，并先后攻克襄阳、荆州、孝感、常德等地。崇祯十六年（1643年）正月，李自成正式即位，称"新顺王"，而在同年二月攻克襄阳后，他又改襄阳为襄京，设立了一套较为完整的从中央到地方的行政机构：李自成自称"奉天倡义大元帅"，设丞相一人，由牛金星担任，下设吏、户、礼、兵、刑、工六部，分理政务；在地方上，在要地设防御史，以下府设府尹，州设州牧，县设县令；在军事上，最高领导为元帅，元帅之下设有将军，依次为权将军、制将军、果毅将军、威武将军。当时征战各地的主力部队分中权亲军、左、右、前、后五营，以正副权将军提督五营军事，五营共有将军二十二名。

崇祯十六年（1643年）五月，李自成召开会议讨论下一步的战略进攻方向。会上，牛金星建议将河北攻取下来，然后再向北京发动进攻；而杨永裕却主张顺流东下，先攻取金陵，以断绝北京的粮道，再挥师北伐。而顾君恩则分析：直捣北京，如若不果，则将后退无路；进攻金陵，又很难成大事；不如先攻西安，建基立业，然后再进攻北京。最后，顾君恩的建议被李自成采纳，他指挥义军直逼西安。

这时的陕西三边总督是孙传庭。崇祯十六年（1643年）五月，其又升任为兵部尚书，改称督师，督领河南、四川、山西、湖广、贵州及长江南北的军务。九月，李自成与孙传庭在河南郏县展开大战，李自成大胜孙传庭，并消灭了孙之主力。孙传庭退往陕西，起义军乘胜追击，并在潼关杀死了孙传庭。十月十一日，义军攻占西安，西安附近的许多州县望风归附。之后，李自成又亲率大军，夺取陕北，此后其又分兵南下汉中，打开四川的通道，向西攻取宁夏、甘肃、西宁等地，一路势如破竹，这样，整个西北地区便都落到了起义军的手里。

第二章 女真族的崛起与努尔哈赤

一个朝代没落的同时,必然有新的势力崛起,这似乎是历史发展和更迭的必然规律。在大明王朝没落之时,一个在东北的少数民族——女真族,迅速崛起,继而威胁着大明王朝。在中国王朝历史上,以少数民族的身份达到如此势力的实属凤毛麟角,而以"十三副遗甲"起兵的努尔哈赤便是这其中之一。那么,就让我们揭开这层层面纱,去看看女真族和努尔哈赤的神秘故事吧。

女真族的崛起

女真族的由来

女真，中国东北古代民族，与肃慎、挹娄、勿吉、靺鞨有历史渊源关系。至五代时，契丹人称黑水靺鞨为女真，从此，女真这一名称代替了靺鞨，辽朝又因避讳而改写作女直。

辽天显元年（926年），太祖耶律阿保机灭渤海，部分女真人随渤海人南迁，编入辽籍，称为"熟女真"；留居故地的女真人，未入辽籍，称为"生女真"。生女真中的完颜部逐渐强大，营建庐室，定居在按出虎水（今阿什河）一带，从事农业生产，掌握了冶铁技术，出现了私有财产，阶级分化十分明显，开始向阶级社会过渡。至乌古逎（1021—1074）为部长时，始建官属，并着手统一生女真各部，被各部推为都勃极烈①，同时受辽生女真部节度使官号而不系辽籍，成为辽朝属国，世袭不绝。至盈歌为都勃极烈时，禁止其他女真部落自称都勃极烈，女真各部政令统一。辽天庆四年（1114年），阿骨打（1068—1123）即起兵反辽，于北宋政和五

---

① 都勃极烈：金朝初始的官名，实际上是大酋长，即金国首领。

年（1115年）建立金朝。金朝于北宋宣和七年（1125年）灭辽，靖康二年（1127年）灭北宋，成为与南宋南北对峙的中国北部封建王朝，并且把外兴安岭以南及黑龙江下游都置于金朝上京直接管辖之下，金朝于南宋端平元年（1234年）亡于蒙古。

女真人在建立金朝以前，使用契丹字，后借用契丹字母创制女真字，有大小女真字之别，与汉文一起成为金朝通用文字。为加强对汉族地区的统治，金朝不断建立猛安谋克[①]于中原各地，使其与汉人杂居，加速了女真人的封建化，也促使女真人接受中原高度发达的封建经济与文化，至金末，已渐与汉人同化。到元代，迁入中原各地和散居辽东的女真人、渤海人、契丹人与华北汉人同被视为汉人。留居东北边疆的女真人则仍以渔猎或狩猎为生，社会发展较为缓慢，有的仍处在原始社会阶段。后来元朝在黑龙江依兰一带设桃温、胡里改、脱斡怜、斡朵怜、孛苦江五个军民万户府，在黑龙江下游及黑龙江以北所设各万户府、女真水达达路及征东元帅府所辖的女真各部落，即是女真中尚处渔猎或狩猎生活的一部分。

女真族的日渐强盛

明初到明中叶，东北广大地区的女真人分为建州、海西、东海（野人）三部。最初，建州女真分布于今牡丹江、绥芬河及长白山一带，海西

---

① 猛安谋克：金代女真制度的最基本制度。它产生于女真原始社会的末期，由最初的围猎编制发展为军事组织，最后变革为地方的行政组织，具有行政、生产与军事合一的特点。

女真分布于今松花江流域，东海女真则散居在黑龙江及库页岛一带。自明初至明中叶，在女真住地设置的卫、所逐渐增加，多达三百八十四个卫、所，总属奴儿干（今黑龙江下游地区）都司名下。卫、所的长官如都督、指挥使、同知、佥事、千户长、百户长等，均由女真酋长担任。明廷给予女真印信，允许定期赴京朝贡，并先后于广宁、开源、抚顺、清河、宽甸等处开设马市，进行贸易。此类卫所称为羁縻卫所，故仍受辽东都指挥使司节制。海西女真人亦失哈（亦信），为明廷内官，在明永乐九年（1411年）至宣德八年（1433年）的二十余年中，屡受朝命出使奴儿干，并于永乐十一年（1413年）和宣德八年（1433年）兴建和重建永宁寺于奴儿干都司所在地（今黑龙江口附近亨滚河来汇处特林地方古城），两次皆立碑于寺前，前者额题《永宁寺记》，后者额题《重建永宁寺记》，详细记载奴儿干都司及永宁寺建立经过与亦失哈屡次出使情形。碑上刻有汉、女真、蒙古、藏四种文字，题名均由亦失哈领衔居首，以下数十人，有汉、女真、蒙古等多个民族，为明朝东北部疆域及女真各部臣属明朝的历史见证。

明代女真各部中，建州女真为元胡里改、斡脱怜两万户的部民，酋长阿哈出、猛哥帖木儿于明初来归，先后建立三卫（建州卫、建州左卫、建州右卫），设指挥使，统辖其众。海西各卫所后来发展为叶赫、辉发、哈达、乌拉四部。因受东海女真的袭扰，建州、海西二部相继辗转南移，明嘉靖年间（1522—1566年），建州女真定居于今抚顺以东苏子河一带，海西四部则散处于今开原以北辉发河流域。建州、海西二部生产力发展较快，农耕技术相对较高，已普遍使用铁器和牛耕，迅速由采集狩猎经济转向农业经济，进入奴隶制发展阶段。各部部长称贝勒、贝子，拥有大批阿哈（奴仆），称为额真（奴隶主），平民则称为伊尔根。

努尔哈赤的少年生活

努尔哈赤出身于明朝建州女真的一个贵族家庭，出生于明嘉靖三十八年（1559年），祖父觉昌安和父亲塔克世都是建州女真的贵族，被明朝封为建州左卫的官员。努尔哈赤从小就练习射箭，有一身好武艺。十岁那年，母亲去世，继母拉氏刻薄寡恩，待他非常不好。父亲塔克世受继母挑唆，给努尔哈赤的东西极少，不能维持生活，努尔哈赤不得不离开家庭，到莽莽林海里去打猎、挖人参、采蘑菇、捡榛子、摘木耳、拾松子，然后将这些东西运到抚顺马市去卖，以此来维持生计。在二十五岁那年，更大的不幸降临了：努尔哈赤的祖父和父亲同时死于明军攻城的炮火。这一事件对努尔哈赤以后的人生道路产生了决定性的影响。

关于这件事的起因，需从王杲之死谈起。在当时的建州女真中，以王杲势力最强。王杲曾带兵进犯辽阳，杀死指挥王国栋，后王杲被俘，押送到北京问斩。

王杲死后，他的儿子阿台为报父仇，袭杀明军。万历十一年（1583

努尔哈赤

年）二月，明将李成梁提兵直捣阿台的住地古勒城。阿台妻子的祖父就是努尔哈赤的祖父觉昌安。

觉昌安为了使孙女免于战火，也为减少城内居民的伤亡，便同努尔哈赤的父亲塔克世一同进城，打算劝说阿台投降。建州女真图伦城的城主尼堪外兰，里通明朝，引导攻城，向城上守军喊话说："李太师有令，谁杀死阿台，谁就做古勒城的城主。"

于是，城里出现内奸，城被攻破，努尔哈赤的祖父觉昌安和父亲塔克世也不幸死于战火。努尔哈赤得知噩耗后，勃然大怒，诘问明廷说："祖、父无罪，何故杀之？"明廷称："汝祖、父实误杀。"于是给敕书三十道、马三十匹作为赔偿，并命努尔哈赤袭父职，任建州左卫指挥。

明军送还了觉昌安和塔克世的遗体，但努尔哈赤怒气未消，又不敢直接同明朝冲撞，便迁怒于尼堪外兰。万历十一年（1583年）五月，努尔哈赤以报祖父、父亲之仇为名，率领百余人向尼堪外兰的驻地——图伦城进攻，拉开了女真统一战争的帷幕。

第三章　女真族的崛起与努尔哈赤

"十三副遗甲"起兵

万历十一年（1583年）正月，建州右卫古勒寨（今辽宁省新宾满族自治县古楼村）城主阿台，也就是努尔哈赤的舅父，因明廷杀害其父王杲兴兵反明。二月，李成梁率领明军在建州左卫苏克素护部图伦城（今辽宁省新宾满族自治县汤图乡）城主尼堪外兰的引导下，攻占了古勒城，阿台被杀。此时，努尔哈赤的祖父觉昌安、父亲塔克世皆在古勒城内，尼堪外兰为了扩大自己的势力，唆使明兵杀害了觉昌安和塔克世。

努尔哈赤把祖、父二人遇害一事首先归罪于尼堪外兰，以祖父"遗甲十三副"起兵复仇。自此，他"收集旧部，生聚教训，阴有并吞诸部之志"，开始了统一女真的斗争。努尔哈赤对内在政治上"定国政，戢盗贼，法制以立"，经济上"互市交易，以通商贾，因此满洲民殷国富"，军事上建立一支"出则备战，入则务农"的部队。他对外推行"远交近攻之术"，一方面积极拉拢蒙古、朝鲜，给予蒙古"厚赏""互相结亲"，向朝鲜表示"永结欢好，世世无替"，同时与明王朝仍然保持臣属关系，"遣使通好，岁以金币聘问"，并且亲自赴京师朝贡八次，向明廷述职进贡，还"送所掠人口，自结于中朝"，以取得明廷的信任，于是官职由指挥升为都督佥事、左都督，直到龙虎将军；另一方面对邻近的女真各部则采取"恩威并行，顺者以德服，逆者以兵临"的办法，以加速统一女真诸部的进程。

努尔哈赤的统一大业，首先是从建州本部开始的。当时建州女真分为建州和长白山两大部，建州有五部，即苏克素护部、浑河部、完颜部、栋鄂部、哲陈部；长白山有三部，包括讷殷部、鸭绿江部、朱舍里部。这些部下又有许多部落城主，互不统属，各自占地称雄。万历十一年（1583年）五月，努尔哈赤率领部众进击尼堪外兰的图伦城，并约定萨尔浒城（今辽宁省抚顺市哈塘村）城主诺米纳率军来会。由于诺米纳背盟，走漏了消息，虽然努尔哈赤攻占了图伦城，但是尼堪外兰却逃往嘉班城（今辽宁省抚顺市大甲邦）。八月，努尔哈赤又领兵攻打嘉班城，因诺米纳再次给尼堪外兰通风报信，使他又一次逃脱，奔往鹅尔珲城（今辽宁省抚顺市河口台）。努尔哈赤两次兴兵进攻尼堪外兰，以图复仇，都未能得手。

在努尔哈赤统一女真各部的战争中，不仅用步骑强攻，而且以智谋计取，这成为他用兵的一个特点，此时他年方二十五岁。努尔哈赤统领的女真族（以建州女真为主），后经历史的变动，从前四旗发展到后八旗（称为建州八旗），女真人也改称为"满族"。

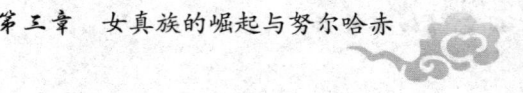

统一大业

统一建州女真

努尔哈赤统一女真的事业刚刚迈出第一步,就遇到来自各方面敌对者的挑战。这时,浑河部兆佳城(今辽宁省新宾满族自治县)赵家村主理岱,勾结哈达兵,无端劫掠了努尔哈赤管属的瑚济寨,迫使努尔哈赤暂时停止对尼堪外兰的追捕。万历十二年(1584年)正月,努尔哈赤不顾冰雪封山,行军艰难,率兵一举攻占兆佳城,生擒理岱。与此同时,嘉木湖城主噶哈善(努尔哈赤的妹夫,也是他手下的一员猛将)被萨木占杀害,凶手萨木占畏罪逃往玛尔墩寨(今辽宁省新宾满族自治县马尔敦村)。努尔哈赤为了给噶哈善报仇,率军攻破玛尔墩寨,杀死萨木占。栋鄂部首领阿海看到努尔哈赤的势力壮大,十分不安,企图兴兵消灭他。努尔哈赤闻讯后先发制人,领兵攻打阿海居住的齐吉达城拉法河北岸,久攻不下,只好还师。在回军途中,他应完颜部首领孙扎秦光衮的请求,进兵翁鄂洛城浑江流域,在战斗中不幸身负两箭,带伤退回赫图阿拉。不久,努尔哈赤伤愈后,亲自领兵攻占翁鄂洛城,收抚了前次射伤他的勇士鄂尔果尼、洛科二人，各赐官爵，加以厚养，表现了超乎寻常的豁达大度。

万历十三年（1585年）二月，努尔哈赤进兵界凡城（今辽宁省新宾满族自治县）铁背山，大败界凡、萨尔浒、栋佳、巴尔达四城联军，在太兰冈射死界凡城主巴穆尼。四月，努尔哈赤领兵征哲陈部，又打败托漠河、张佳、巴尔达、萨尔浒、界凡五城联军。九月，努尔哈赤攻占安图瓜尔佳城，城主诺谟珲被杀，接着又攻克浑河部的克贝欢城和哲陈部的托漠河城。从此，努尔哈赤的势力大增。万历十四年（1586年）七月，他率领大军征讨尼堪外兰盘踞的鹅尔珲城，尼堪外兰闻讯逃往明营躲藏。努尔哈赤派人向明营强求索取，明朝边将认为尼堪外兰已是丧家之犬，留着没有任何用途，决定抛弃他，便把此意告知努尔哈赤，努尔哈赤便命斋萨率四十人赴明营杀了尼堪外兰，报了祖、父遇害之仇。

万历十五年（1587年）八月，努尔哈赤遣额亦都领兵攻取哲陈部的巴尔达城，然后，他又亲率大军攻占哲陈部的洞城，灭了哲陈部。万历十六年（1588年）四月，苏完部长索尔昊、栋鄂部首领何和理、雅尔古部长扈拉瑚等先后率众归附。九月，努尔哈赤率兵攻克完颜城，灭掉完颜部，这样，努尔哈赤用五年多的时间统一了建州女真本部，"环满洲而居者，皆为削平，国势日盛"。接着，努尔哈赤又于万历十九年（1591年）正月兼并了长白山的鸭绿江部。至此，努尔哈赤统辖的区域，西起抚顺，东至鸭绿江，北接开原，南连清河，建州女真大部分被统一起来了。

努尔哈赤的势力日益强盛，激化与海西四部，即哈达、叶赫、辉发、乌拉的矛盾和冲突。叶赫部纳林布禄恃强遣使赴建州，向努尔哈赤强行索地，责令归顺，结果被"叱之归"。不久，纳林布禄又伙同哈达、辉发再次派使臣到建州，要努尔哈赤归降，如若不从，则兴兵问罪，也遭到严厉斥责。万历二十一年（1593年）六月，纳林布禄见压服不成，就决定诉诸武力，拉拢哈达、乌拉、辉发三部，合兵进攻建州的布察寨。努尔哈赤率兵迎战，大败四部联军。同年九月，叶赫部贝勒布寨、纳林布禄纠合哈达、乌拉、辉发、科尔沁、锡伯、瓜尔佳、纳殷、朱舍里，组成九部联军，共三万人马，分三路进犯建州。努尔哈赤立即派人到各路侦察敌情，根据探报对双方兵力做了分析，认为"来兵部长甚多，杂乱不一，谅此乌合之众，退缩不前""我兵虽少，并力一战，可必胜矣"。叶赫等九部联军先攻打建州的扎喀城，未能攻下，又转攻黑济格城，仍不能得手。此时，努尔哈赤领兵来到黑济格城附近的古勒山，这里"寨陡峻，三面壁立，壕堑甚设"。他利用有利地形，埋伏精兵，然后派额亦都率百骑前去挑战。布寨等人不知努尔哈赤有诈，便弃攻黑济格城，全军直奔古勒山下。当敌军进入伏击圈时，建州伏兵四起，一举打败九部联军。叶赫部贝勒布寨驱骑过猛，战马跌倒，被建州士兵杀死，乌拉部首领布占泰被俘，科尔沁部首领明安仅以身免，努尔哈赤取得了重大胜利，所获人畜甲胄不可胜计。古勒山之战，是女真统一战争的转折点，不仅保卫了建州，而且改变了建州女真与海西女真双方力量的对比，从此建州"军威大震，远迩慑服"，为进一步统一女真各部奠定了基础。古勒山大战后，努尔哈赤乘胜东进，灭了长白山北麓的讷殷和朱舍里二部，从而完全统一了建州女真。

统一海西女真

努尔哈赤打败九部联军统一建州女真之后，便把统一女真各部的进攻矛头指向海西女真。他深知以自己现有的力量不可能一举消灭海西四部，故对诸贝勒大臣说："欲伐大木，岂能骤折，必以斧斤伐之，渐至微细，然后能折。相等之国，欲一举取之，岂能尽灭乎？"因此，努尔哈赤采取分化瓦解，各个击破的策略：一方面，与海西四部中势力较强的叶赫、乌拉二部联姻结盟，特别是拉拢乌拉部首领布占泰，不仅是为了离析四部，而且也是为了取得貂参之利。所以努尔哈赤和其弟舒尔哈齐娶布占泰的侄女与妹妹为妻，他们又把女儿嫁给布占泰为妻；另一方面，利用四部间的矛盾，逐个灭之。万历二十七年（1599年）九月，努尔哈赤趁哈达和叶赫闹矛盾，以及哈达部发生饥荒，出兵灭了哈达部。

乌拉部首领布占泰，看到努尔哈赤大有吞并海西四部之势，便竭力阻挠破坏。万历三十五年（1607年）正月，乌拉部管辖的东海瓦尔喀部，以布占泰暴虐为由，向努尔哈赤请求归附，努尔哈赤命舒尔哈齐等领兵前往瓦尔喀部斐优城迎接眷属。布占泰得知后，发兵万人在图们江右岸乌碣岩一带截击，结果建州兵"缘山奋击，乌拉兵大败"，斩首三千级，获马五千匹，甲三千副，取得了很大胜利，这是继打败九部联军之后又一次关键性的战斗，从此乌拉势力大衰。同年九月，努尔哈赤乘辉发部内乱之机，将其吞并。万历四十一年（1613年）正月，努尔哈赤又乘乌拉统治不稳，亲自率领大军征讨乌拉，攻占乌拉城，布占泰逃往叶赫，乌拉灭亡。

努尔哈赤取得乌碣岩之战的胜利，打开了通向东海地区的大门。当时分布在这一带的有窝集部、瓦尔喀部、使犬部、使鹿部等，包括赫哲、恰喀拉、奇勒尔、费雅喀等族。万历三十五年（1607年），瓦尔喀斐优城主策穆特赫率众来降。万历三十七年（1609年），努尔哈赤攻占东海窝集部的瑚叶路。万历三十八年（1610年），收抚窝集部的那木都鲁、绥芬、宁古塔、尼马察四路。万历三十九年（1611年），攻取窝集部的乌尔古辰、木伦二路。万历四十二年（1614年），招服窝集部的雅兰、西林二路。万历四十三年（1615年），征服窝集部的东额赫库伦城，随之东海诸部相继归附。

自此，努尔哈赤由"遗甲十三副"起兵，发展到"自东海至辽边，北自蒙古、嫩江，南至朝鲜、鸭绿江，同一语音俱征服"，使"诸部始合为一"。他用了三十多年的时间，统一了建州女真的全部和海西、"野人"女真的大部，基本上结束了女真社会的长期分裂、割据、动乱的局面，从而推动了女真社会的发展和满族共同体的形成，自己也扩大了实力，为其割据东北打下了基础。

征抚蒙古，建立"北方长城"

继努尔哈赤统一女真之后，战争序幕——拉开，当年东北大地上，明朝、后金、漠南蒙古三足鼎立的画卷徐徐展现。作为中央政权的明朝，虽是国力已衰，尽失辽东之地，但其兵林铁马仍牢踞在辽西，固守着东遏后金、北御蒙古的桥头堡。新崛起的地方割据势力——建州女真，力量逐渐强盛，于是努尔哈赤于明万历四十四年（1616年），在赫图阿拉（今辽宁新宾满族自治县）称大汗，建国大金，建元天命，史称"后金"。他励精图治，雄心勃勃，虎视眈眈，企图北向绥服蒙古并西进，问鼎中原。作为第三方的漠南蒙古，其地理位置东南临后金，西南濒明朝，正处于两大势力中间。显而易见，漠南蒙古的向背，在后金与明朝角力的天平上，颇具举足轻重之势。后金若欲与明朝争天下，必先征服和笼络漠南蒙古，使其成为同盟军；而明朝要抵御后金夺江山，也需争取和利用漠南蒙古，让其充当前卫队。但当时漠南蒙古的各个部落，却是互不统属，竞争雄长。其中最强大的察哈尔部，首领林丹汗自恃是元室嫡裔，企图统一蒙古各部，觊觎登上全蒙古宗祖大汗的宝座。他接受明朝每年数万两白银的岁币，受其唆使，对后金管辖的辽东地区不断发动侵扰，还凌驾于蒙古诸部之上，骄横妄为，依仗兵威，常对科尔沁等其他部落凌辱压迫，这使得草原上多年烽烟迭起，金戈相击，战乱不止，四分五裂。

努尔哈赤对于林丹汗的刀兵相见早已如鲠在喉，更唯恐明朝与察哈尔部强强联手，于是他决定利用漠南蒙古各部分裂割据的局面，采取团结笼络的办法，与备受察哈尔部欺凌的其他蒙古部落建立联盟关系，以孤立、打击并消灭林丹汗，进而将整个漠南蒙古纳入自己的势力范围。当时，漠南蒙古中较强的科尔沁部正长期遭受察哈尔部凌压，自然就成了后金争取结盟的对象之一。

为了建立与科尔沁部的亲善关系，努尔哈赤在明万历四十年（1612年）正月，首先向科尔沁部的明安提出，欲聘其女为妃，结为姻戚，明安遂拒他部之约，送女嫁予。这是努尔哈赤家族与蒙古贵族的首次通婚，开了满蒙联姻之先河。九部之战后，科尔沁部还曾游移在努尔哈赤与林丹汗之间。明万历三十六年（1608年）正月，当努尔哈赤发兵五千征讨海西女真的乌拉部时，科尔沁部的翁果岱曾率军增援乌拉部，妄图趁火打劫。见后金军容严整、兵势浩大，自知并非敌手，未敢交战而悄悄撤还。努尔哈赤实行的"慑之以兵、怀之以德、恩威并施"政策，终于使科尔沁部逐渐走上了与后金结盟，共同抗击林丹汗的道路，终在后金天命十一年（1626年）六月盟誓。

建后金"七大恨"誓师

万历二十九年（1601年），努尔哈赤和其同母弟弟舒尔哈齐都已经成为女真族中地位相差无几的首脑人物。与此同时，努尔哈赤的长子诸英、次子代善、五子莽古尔泰、七子阿巴泰、八子皇太极，以及舒尔哈齐子阿敏等都已经成长起来，并成为能征善战的将领。努尔哈赤在此时有意扶植家族势力，排斥异姓军功贵族，加强军队自身的组织建设。于是他在原有的牛录制的基础上，创立了"旗制"，最初设立了黄、白、红、蓝四旗。

为了增加管理力度，努尔哈赤在原先四正色旗的编制基础上，又扩充了四旗编制，这就形成了后来一直沿用至清末的八旗制度的雏形。这是一种军政合一的完整行政制度体系，使得他所管辖的地域不仅拥有强大的军事实力，还拥有完备的制度，加上后来成体系的议政制度，努尔哈赤的部族已经具备了建立一个独立政权体系的基础。万历四十四年（1616年），努尔哈赤在赫图阿拉称汗，国号大金，建年号为"天命"，史称"后金"。

其实女真的崛起早就已经让明朝廷为之不安。虽然努尔哈赤在统一女真的近三十年里，接受明朝政府的封赏，频繁向明朝纳贡称臣，力图不引起明政府的反感，以此来保证自己的事业不受干扰，但事实上明廷已经对他十分忌惮了。于是明廷积极支持叶赫部与努尔哈赤之间的对抗，使得叶赫部久久不能被平定，这使得实力已经今非昔比的努尔哈赤十分恼火。于是努尔哈赤断然中止了对明朝的进贡，明朝对此非常不满，认为这是对自己权威的藐视，于是扬言对努尔哈赤采取行动，但努尔哈赤却根本不买账。他很清楚明朝其实并不想出兵，只是想要自己恢复进贡。因为进贡是臣服的标志，如果他恢复进贡，明朝就有了台阶下。但如果他拒绝进贡，明朝就会陷入尴尬的境地，因为他们根本不想出兵，却又怕损害自己的国威。努尔哈赤感到这是一个掌握主动权的好机会，于是僵持了两年之后，他以此要挟明朝廷与其立边界碑，明朝廷赶紧答应，双方祭天发誓，边兵永不越界。这是努尔哈赤的一次以守为攻的外交上的巨大成功，从这件事上，努尔哈赤也看出了明朝廷的色厉内荏，于是加紧了强大自身的步伐。他一直在等待着机会，希望有朝一日能够策马黄河，问鼎中原。

万历四十二年（1614年），在努尔哈赤准备建立新政权的前夕，明神宗派守备肖伯芝到努尔哈赤处"晓以大义"，事实上是让肖伯芝去探听一下努尔哈赤的虚实。没想到肖伯芝以为自己是"天朝使者"，妄自尊大，对努尔哈赤不屑一顾，定要他行跪拜礼。努尔哈赤根本不理会明廷的态度，对肖伯芝带来的文告看也不看，只是一面稳住明朝廷，一面为他的建国做积极准备。

在建立后金之后，努尔哈赤认为时机已经成熟，就翻起了旧账。万历四十六年（1618年），努尔哈赤举行祭堂子仪式，以"七大恨"告天，起兵反明。在这所谓的七大恨中，努尔哈赤主要强调的是对明廷的仇恨，并且重提父祖被杀一事。事实上，努尔哈赤父祖被杀这笔账，他早就算在了尼堪外兰的头上，为了防止明廷支持尼堪外兰，他还曾经表示"此事与朝廷无干"。然而现在，明朝成了他建功立业的最大障碍，这时候搬出七大恨，目的无非是为出兵正名，并挑起族人的情绪，与其说这是对于女真各部反抗明朝欺压的宣言书，不如说是努尔哈赤已经准备好了进攻明朝、逐鹿中原、实现霸业的一纸宣战书。此次战役他亲统步骑两万进攻抚顺，抚顺守将李永芳出降，抚顺城被攻陷，努尔哈赤掳掠了人畜三十万，满载而归。

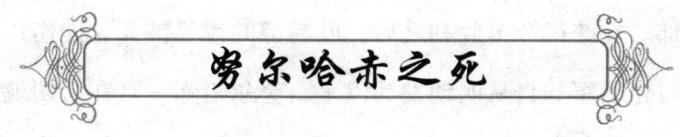

努尔哈赤之死

萨尔浒之战

努尔哈赤率军攻取了抚顺、清河后，于万历四十七年（1619年）正月，又亲自率领大军征讨叶赫，拿下了大小屯寨二十多个。叶赫一向最得明廷的支持，便马上把消息给报了上去。此前明廷听说抚顺、清河沦陷，已经派兵部左侍郎杨镐为辽东经略，起用山海关总兵杜隆和大将李如柏等大举讨伐努尔哈赤。如今又接到叶赫的来报，便捺不住，催促杨镐等进兵，并又调集了福建、浙江、陕西、四川、甘肃等省兵力，齐集在辽阳，期望以重兵把努尔哈赤消灭在赫图阿拉，挽回曾经败亡的耻辱。杨镐驻扎在沈阳，命令众将分四路进攻：左翼北路，总兵马林，自开原出靖安堡攻其北；左翼中路，总兵杜松，出抚顺攻其西；右翼中路，总兵李如柏，从清河、鸦鹘关攻其南；右翼南路，总兵刘铤，从宽甸出凉马佃攻其东南。四路军兵八万八千余人（号称四十七万）长驱直进，势不可当。其中总兵杜松是个十分轻敌的人，他不听文臣劝谏，打起仗来靠的是一身莽夫之勇。他带了三万人马，出抚顺关，把大营驻扎在萨尔浒山上，自己则率领一万人去攻打界藩山。

第二年初，明军与后金已经陷入了对抗状态。努尔哈赤对明军的大举来袭并没有感到惊慌，在清楚地分析了形势之后，他一面派大贝勒代善率领五千兵马驻守扎喀关，抵御明军的进攻，一面亲统大军乘虚出征支援明军的叶赫部。在获得节节胜利之后，叶赫部的锐气被大大挫伤，努尔哈赤这才转而对付明军。自从明朝发兵以来，努尔哈赤一直在密切地注视着他们的动向。他估计明军长线作战、大举进犯，必然是希望速战速决，他们的后勤补给肯定不能支持长久作战，针对这个弱点，他开始做长久防御、坚壁固守的准备。

二月，后金派出一点五万人的分队，到萨尔浒山上筑城，建立防御重地，并派骑兵前去保卫。努尔哈赤认为明军主力实际上不是杨镐的组合军，而是从抚顺而来的，由杜松率领的三万西路大军。他认为，在总体实力上，他明显不是明军的对手，但自己的优势在于能够有针对性地集中力量、各个歼灭。因此他制定了"凭尔几路来，我只一路去"的方针，准备集中优势兵力打击主力明军，然后再将其余的明军各个击破。

杜松率领着军队出了抚顺城，几天后就占驻战略要地萨尔浒，本来他在战略上占有优势，但由于贪功冒进而犯了致命的错误。他不听劝告，独断专行，放弃了在军事要地萨尔浒与后金军对抗的机会，主动进攻挑衅，又亲率一万人攻打附近的界藩城，兵力再次分散，给了努尔哈赤可乘之机。努尔哈赤亲率六旗四万兵力包围萨尔浒山，命儿子代善、皇太极率两旗兵力在界藩城迎击明军。之后，努尔哈赤的八旗兵向萨尔浒山发起猛烈攻击，不适应气候和不熟悉地理环境的明军顿时乱作一团，纷纷西逃，结果在得力阿哈一带全军被歼，总指挥杜松等将领也都战死。八旗兵在萨尔浒山取得速胜后，奋勇打击其他三路明军。努尔哈赤乘胜北上，迎击马林带领的北路明军。马林率明军到达尚间崖安营扎寨，命监军潘宗颜领一军驻守斐芬山，和败退到斡珲鄂模的龚念遂部互为犄角，彼此声援。努尔哈赤乘其立足未稳，首先派四贝勒皇太极率军进攻龚念遂部，明兵大败，这就剪除了尚间崖明军的右臂。然后，努尔哈赤命大贝勒代善领兵攻打马林驻守的尚间崖，后金兵冲入明营，明兵敌不住八旗兵的凌厉攻势，纷纷溃散，马林仅以身免，逃回开原（今辽宁省开原市开原老城）。随后，努尔哈赤率军进攻斐芬山的潘宗颜部，明兵以有利地形进行抵抗，但是孤立无援，在后金兵的猛烈攻击下，全军被歼。至此，努尔哈赤又粉碎了北路侵犯的明军，取得了尚间崖、斐芬山大捷。

努尔哈赤回军途中到达古尔本时，得到探报，刘铤率领的东路明军抵达阿布达里冈，距离赫图阿拉城只有五十余里，李如柏率领的南路明军进抵虎栏，形势十分紧张。他迅速回到赫图阿拉，立即命代善、皇太极等率领大军急速前往东线迎战刘铤，自己率领四千人马留守赫图阿拉，防止李如柏的南路明军到来。代善和皇太极到达阿布达里冈与明军相遇，他们各领左右四旗，围攻夹击，明军溃败，刘铤被杀。代善等又挥兵南下，追击败逃的明军，在富察明军残部"举皆覆没"，然后又将姜弘立带领的朝鲜兵团团围住，不断"驰突，势如风雨"，"瞬息间两营皆没"，最后"元帅姜弘立以下，全军投降"。

在这次大规模的战役中，努尔哈赤率领的后金军以少胜多，用最小的牺牲取得了最大的胜利，这完全得力于努尔哈赤的沉着应战和指挥得当，他善于乘敌军易将时歼灭敌人。萨尔浒之战明军失败后，明廷改派熊廷弼为辽东经略，努尔哈赤便按兵不动，蓄势以待，静观其变。等到明廷罢免熊廷弼，以袁应泰取而代之的时候，努尔哈赤便乘乱发起沈辽之战，大获全胜。在这次战役之后，努尔哈赤扩充了自己的力量，后金的兵员数量达到了二十万，军事实力第一次能够与明军势均力敌。这次战役的另一个重大意义是打退了明朝的进攻，为努尔哈赤的发展争取到了时间和安定的环境。战后的努尔哈赤立即开始在临近明边界的地方屯田驻军，移民筑城，时不时地骚扰明朝边防，而明朝在战役后却元气大伤，只能是消极应对，再也没有能力轻言大军讨伐。在萨尔浒战役之后，明朝与后金的攻守形势发生了根本性的转折，努尔哈赤由守势转为攻势，更加增强了进军中原、颠覆明朝的决心和信心。

沈阳大捷

萨尔浒大捷后，五个月里努尔哈赤又相继攻下了开原、铁岭，又灭了叶赫部。明廷惊恐万分，对辽东局势抱以悲观的态度，就在大多数官员都认为不可收拾的时候，熊廷弼却上书主动去镇守沈辽。明廷在这个严峻的时刻，终于答应了熊廷弼的请求，让他代替杨镐，接任辽东经略。熊廷弼接任辽东经略后，在军事部署、工事防御上，进行了相当完善的补救，把先前所遇到的种种问题及时地解决了。努尔哈赤遇到熊廷弼这个对手后，不敢贸然出兵攻打沈阳。在灭叶赫部后，后金军已经不具备进攻沈阳的条件，只能采取守势，等待机会。

本来在这种形势下，明军占据了绝对优势，而这时候腐败透顶的明廷却从根本上破坏了这种有利局面。万历四十八年（1620年）是明廷政局变化较为热闹的一年。七月二十一日，神宗驾崩，太子朱常洛继位，这便是明光宗。光宗继位后沉溺女色，希图长生，最终因误食红丸而暴卒于是年九月初一，接着继位的是熹宗。短短一个多月内"梓宫两哭"，先后有三个皇帝在位，朝廷政局十分混乱。当时既无明君，又无贤相，大臣们只知道利用边乱争夺权势。因熹宗听信了宦官的谗言，熊廷弼突然被革职罢官，明廷又派袁应泰赴沈阳代替熊廷弼为辽东经略。袁应泰这个人纸上谈兵，虽然说得头头是道，但实际用兵作战却不是自己所擅长的，计划出来的应敌之策漏洞颇多。他对熊廷弼此前所采取的以守为攻的策略做了很大的调整，在时机尚不成熟的情况下，便部署对后金进行反攻，致使辽东的防御体系被削弱。同时，他还轻率地接纳大批蒙古难民到沈阳和辽阳城内，从而使得很多后金奸细也得以乘机混入。他的这些措施正中努尔哈赤下怀。

后金天命六年（1621年）春，努尔哈赤认为发动辽沈之战的时机已经成熟，于是便于三月十日亲统大军从萨尔浒出发，浩浩荡荡，直指沈阳。为保卫沈阳，明军当时在沈阳城设下了坚固的防线：在城外修筑围墙，这道围墙和原来的城墙比起来向外拓展了八丈多；又在城外挖深沟一道，上盖秫秸，铺以浮土，内插尖木桩，以为陷阱，沟内侧又修有内壕，壕上放置一二十人才能抬动的大木；内壕以内再设以五丈宽、两丈许深的沟涧，涧底插以尖木；涧的内侧每隔一丈五尺有战车一辆，战车与战车之间架小炮四门，大炮两门，各个车、炮的周围还设有机动兵员作为守卫。守城将领是总兵贺世贤和尤世功，城中守军有七八万人。进抵沈阳城下以后，后金军队并没有急于攻城，而是采取了"诱敌出城、围而歼之"的战术。努尔哈赤先派少量士兵隔着壕沟对沈阳城进行侦察，武举出身的明总兵尤世功率家丁冲出，杀敌四人，也算是小有斩获，而总兵贺世贤却因此生出了轻敌之心。贺世贤出身低微,以战功升至总兵。当时他是辽东首屈一指的勇将,但这个人有勇而少谋,且喜贪杯。他见努尔哈赤没来攻城,且明军有小胜之战绩,便以为后金军没什么了不起,却不知道这是对方的诱兵之计。三月十三日,贺世贤举杯壮行,率亲丁一千余人出城对阵,发誓说:"不痛杀敌军决不回城。"贺世贤统兵出城这一行为正合努尔哈赤的心意,他于是便令一小股骑兵佯败。贺世贤不知是计,便乘着得胜的势头赶了上去。忽然间后金骑兵四出,贺世贤顿时被杀得只有招架之功而无还手之力。他且战且退,当他从东门直杀到西门时,身上已中箭四处。部下劝他投往辽阳,他拒绝了,说:"身为大将不能守住城池,又有何脸面去见经略呢?"他挥动铁鞭,连续杀敌数十名,最后因多处中箭,坠马而死。

这时努尔哈赤一面命精兵追击贺世贤,一面指挥八旗主力向沈阳城发动总攻。八旗兵在沈阳城的东北角挖土填壕,向前推进。城上明军奋勇守御,接连发炮,但炮身却因发炮次数太多而变得红热起来,弹药一装进去就喷了出来,无法继续发炮。而此时后金军队又将壕沟填满,纷纷蜂拥过壕,向东门发起猛攻。此时,贺世贤兵败、尤世功战死的消息已经传到城中,军队因之士气低落,民心也为之不安。见明军大势已去,城中的蒙古人便砍断桥索,将吊桥放下,迎接后金军队入城,努尔哈赤又一次大捷。

广宁之役

辽沈失守之后，明廷举朝为之震动，京师为之戒严。震惊之余，人们逐渐认识到当初撤除熊廷弼职务之举是一个大大的失策，明廷于是再次起用熊廷弼为辽东经略，将收拾辽东残局的重任又一次放在了熊廷弼的肩上。熊廷弼主张以守为攻，多方协作，固守辽西，等到时机成熟时再收复辽沈，因而提出了"三方布置策"。这一战略方针的基本内容是：以广宁为中心设重兵屯守，互为犄角，守望相助，以阻击后金主力；在天津、登莱布置水军以对辽东半岛沿岸进行骚扰；经略驻山海关，指挥全局，节制三方。当时，辽东残破，明军守且不足，进击就更不用说了，所以熊廷弼的以守为攻的策略是对的。然而他的下属王化贞却另有主张。王化贞在升任辽东巡抚以后，提出了与熊廷弼的战略方针完全不同的构想：外借察哈尔林丹汗四十万兵之助，内凭投降后金的李永芳为内应，然后由他亲统六万明军，"一举荡平"后金，这一战略构想的核心是以攻为守。因此，王化贞一面将两万明军分散布置在三岔河辽河下游，一面派毛文龙率三百名士兵由三岔河入海，于六月袭取镇江（今辽宁省丹东），表现出了一种力图进攻、要打硬仗的姿态。

虽然熊廷弼的官职为兵部尚书兼右佥都御史，并佩有尚方宝剑，是王化贞的上司，可是巡抚王化贞在明廷中有靠山，首辅叶向高与兵部尚书张鹤鸣都很支持他，因此有什么事情，王化贞往往不经熊就直接与明廷联系。当时，王化贞在广宁拥兵十二万，而在山海关的熊廷弼部仅五千人，经略只是个虚名。这样,经略、巡抚意见不一,不但不能互相配合,反而互相指责,不时发生争执。为了解决"经抚不合"的僵局,天启二年(1622年),在调解无效的情况下,熹宗委托兵部召集朝中九卿科道官员举行会议,以决定经、抚孰去孰留,而在经过一番商议后,大部分人主张去熊而留王,最终升王化贞为辽东经略。

正当明廷对王、熊的去留问题争辩不休的时候,已探知明朝"经抚不和"的努尔哈赤决定挥兵渡过辽河,向广宁(今辽宁省北镇市)发动进攻。天命七年(1622年)正月,努尔哈赤亲率后金八旗军直扑辽西大地。尽管广宁一带驻有明廷精兵,但辽西之战的战场并不在此,而在西平堡(在今辽宁省盘山县境内)。

西平堡所处地势陡峭,是辽西前沿的要塞,明军在此驻守的是副将罗一贵,所部明军为三千人。渡过辽河以后,后金军队便如入无人之地,很快就进抵西平堡城下。参将黑云鹤出城迎战,所部被全歼。罗一贵凭着城防设施顽固守御,对攻城的后金军队用炮火予以猛击。投降后金的李永芳派出使者,举旗来到城下,要罗一贵投降。罗毅然拒绝,并对李永芳大加责骂。后金军队遂加紧进攻,明军坚守两昼夜,打退了金军的三次进攻,杀敌数千人。激战中,罗一贵被流箭射中眼睛,无力再战。这样,在火药用尽、外援无望的情况下,他自刎而死,西平堡由此失守。

西平堡失陷以后,广宁便受到了威胁。本来,广宁一带屯有明军的主力,可是当西平堡被围时,王化贞采纳了心腹将领孙得功的建议,将防守广宁一带的明军都撤了下来,让他们前往西平堡增援。王化贞令孙统领广宁一带的明军,会合总兵祁秉忠统领的闾阳驿(今辽宁省北镇市南闾阳)明军和总兵刘渠统领的镇武堡(今辽宁省盘山县东北)明军,一同前往西平堡救援。这是王化贞的重大失误,因为后金军队所擅长的是野战,而明军所擅长的正是守城，这样一来就等于是放弃自己的长处，而将自己的弱点全部暴露给了对方。进此建议的孙得功早就与后金暗自勾结，当广宁等三部明军与八旗军队相遇时，孙得功让祁秉忠、刘渠两部率先出战。两军一交锋，孙得功等便故意上前一冲，随即又退去，明军因而大乱。祁、刘二将力战不敌，先后战死。

逃回广宁后，孙得功故意制造混乱，在广宁城中散布谣言，说后金兵马上就会进抵广宁，对广宁发动进攻，一时城中军民一片慌乱，纷纷逃亡。孙得功等人将广宁城门控制住，又将银库及火药库封存起来，准备迎接后金军入城。而王化贞此时还被蒙在鼓里，幸得参将江朝栋及时入告，王化贞才得以逃脱。当王、江等人逃到大凌河（今辽宁省凌海市东）时，正好与熊廷弼相遇。一见到熊廷弼，王化贞便哭了起来，将明军大败、孙得功投降后金、谋献广宁、自己差点儿回不来的情况讲给了熊廷弼听。熊廷弼听后，便将自己的五千部下交给了王化贞，令他殿后，护送溃散的十万辽西军民入关。

王化贞出逃后，广宁城便为孙得功等所控制。孙得功派人前往西平堡迎请努尔哈赤，努尔哈赤不战而胜，占领了广宁。

宁远兵败

努尔哈赤一生经历过许多重大战役，一直所向披靡，攻无不克。明天启二年即天命七年（1622年），努尔哈赤大败明辽东经略熊廷弼和辽东巡抚王化贞，夺取了明辽西重镇广宁。熊廷弼因兵败失地而被斩，王化贞也因兵败弃城而丢官，随后，明朝廷派熹宗的老师、大学士孙承宗为辽东经略。

孙承宗出关赴任，巡察边关，整治部队，储备粮草，积极防御。他任用袁崇焕修筑宁远城，加强战备整整四年，没有大的战事。然而，由于孙承宗是东林党的领袖，与以大太监魏忠贤为首的阉党势不两立，虽然身为帝师、大学士，但在党争中也受到排挤，便辞官回家，接替他驻任辽东经略的是阉党分子高第。

高第上任后，采取了消极防御策略，命令山海关外的兵力全部撤到关内，但身为宁远道的袁崇焕却拒不从命。宁远（今辽宁兴城）是明军在辽西广宁失陷后最重要的军事堡垒，后金军要进攻明朝，首当其冲的就是宁远城。袁崇焕率领万余兵民，独守孤城宁远。他将从海外引进的新西洋大炮安放在城上，将城外的商民、粮草搬到城内，焚毁城外房舍，坚壁清野，安排百姓巡逻放哨，运送火药，实行军民联防。他还亲自向官兵下拜，刺血宣誓，激以忠义，官兵都决心与袁崇焕同生死、共患难。袁崇焕一切布置妥当，静待敌人来攻。

明天启六年即天命十一年（1626年）正月，六十八岁的努尔哈赤亲率六万八旗军，号称二十万大军，渡过辽河，如入无人之境，向孤城宁远猛扑而来。此时的守城者袁崇焕，四十二岁，进士出身，还从没有指挥过作战，打过仗。

二十三日，努尔哈赤命军队于距宁远城五里处安营，横截山海之间的大路。努尔哈赤先礼后兵，放回被俘汉人捎劝降书给袁崇焕说："献城投降，高官厚赏；拒绝投降，城破身亡。"

第三章　女真族的崛起与努尔哈赤

袁崇焕回答说:"义当死守,岂有降理!"

二十四日,努尔哈赤派兵猛力攻城,城垛上,箭像倾盆大雨一样射来;悬牌上,矢镞密集得就像刺猬的刺。后金兵攻城不下,努尔哈赤命士兵冒死凿城挖洞。袁崇焕迅速下令动用早就准备好的大炮,向后金军的队伍猛烈开炮,炮声响处,只见一团团冲天的火焰腾空而起,后金兵士一下子被炸得血肉横飞,七零八落,活下的也被迫后撤。

努尔哈赤对这种新引进的西洋红衣大炮一无所知,不知道它的来源、特点、性能和威力。第二天又亲自督战,集中大股兵力继续攻城。袁崇焕登上城墙高处的瞭望台,沉着地观察着后金军的行动。直到后金军冲到逼近城墙的地方,他才命令炮手瞄准敌人密集的地方开炮,这些炮击使后金军将士受到巨大伤亡,正在后面督战的努尔哈赤也受了重伤,不得不下令迅速撤退。

袁崇焕听到敌人退兵的消息,就带兵乘胜追杀,一直追赶了三十里,又杀死了不少后金军,才得胜回城。

努尔哈赤戎马驰骋四十四年,几乎没有打过败仗,可谓历史上的常胜统帅,但他占领广宁后,年事已高,体力衰弱,深居简出,怠于理政。他对宁远守将袁崇焕没有仔细研究,对宁远守城炮械也没有侦知实情,他只看到明朝经略易人等因素,未全面分析敌我,便贸然进攻,结果以矛制炮、以短击长、以劳攻逸、以动图静,吞下了战败的苦果。宁远之败,是努尔哈赤起兵以来所遭遇到的最重大的挫折。

疽发身死

宁远战败后，努尔哈赤带领后金军满怀愤恨地撤离宁远，二月九日回到沈阳。他对诸贝勒大臣说："朕自二十五岁征伐以来，战无不胜，攻无不克，独宁远一城不能下耶！"努尔哈赤此次兴兵进攻宁远，是对明战争以来第一次遭受挫败，而且损失也是前所未有的。他战败的原因除了八旗兵不善于攻坚外，主要是犯了轻敌的错误，正如后金谋臣刘学成所言："汗轻视宁远，所以天使汗劳苦。"

努尔哈赤回到沈阳以后，一则由于宁远兵败，精神上受到很大的创伤，整日心情郁愤；二则因为年迈体衰，长期驰骋疆场，鞍马劳累，积劳成疾，在天命十一年（1626年）七月中，努尔哈赤身患毒疽，二十三日往清河汤泉疗养。八月初七，病情突然加重。十一日，乘船顺太子河而下，转入浑河时，与前来迎接的大妃纳喇氏相见后，行至离沈阳四十里的瑷鸡堡去世，终年六十八岁，葬在沈阳城东、浑河北岸的石嘴头山，陵墓称"福陵"。

第三章　女真族的崛起与努尔哈赤

八旗的创建

八旗概说

　　八旗包括满洲八旗、蒙古八旗和汉军八旗，其中设立最早、最为典型的是满洲八旗。

　　满族人按八旗制分隶各旗，平时生产，战时从征。初建时，不但在军事上发挥重要作用，而且具有行政和生产职能。清朝入关统一全国后，皇太极为加强对旗人的束缚，增强了八旗制的军事职能，又建立了蒙古八旗和汉军八旗，以扩大军事实力和笼络人心。各旗有军营、前锋营、骁骑营、健锐营和步军营等常规伍，司禁卫、云梯和布阵等职。另外，还设立了相礼营、虎枪营、火器营和神机营等特殊营伍，演习摔跤、射箭、刺虎和操练检枪等。八旗兵分为京营和驻防两类。京营是守卫京师的八旗军的总称，由朗卫和兵卫组成。侍卫皇室的人，称朗卫，必须是出身镶黄、正黄和正白上三旗的旗人，紫禁城内午门、东西华门、神武门等由上三旗守卫。驻防是指驻防全国各要地的八旗。京营总兵约十万，驻防兵人数也在十万左右。

117

八旗起源于牛录，牛录起源于女真人（主要指建州女真）在氏族部落时期的狩猎、出师组织。当时女真人不论人数多少，出师行猎都以家族、村寨为单位进行。出猎开围之际，每人出一支箭，十个人为一个小组，每个小组设一名头领，指挥另外九人各寻方向，不许出现错乱，这十人小组的头领就叫作牛录额真。这里的牛录额真只是临时性的出师狩猎小组的头领，在这个小组中，人们是以地域（寨）和血缘（族）为基础自愿结合的，以箭为凭证，没有专职的将官，并且事情结束后便各自散去。

牛录额真成为固定的官爵名称则是努尔哈赤起兵之后的事情。万历十一年（1583年），努尔哈赤刚刚起兵，苏克素护河部沾河寨长常书和弟杨书归附努尔哈赤，弟兄二人"事太祖，分领其故部，为牛录额真"。万历十二年（1584年），在攻克栋鄂部的翁鄂洛城后，努尔哈赤不计前嫌，授予城中曾射伤过自己的洛科、鄂尔果尼二勇士为统辖三百人的牛录额真，这是较早的两个牛录额真成为官爵名称的例子。

后来，在统一女真各部的过程中，努尔哈赤也陆续设立了一些牛录，但并不普遍，并且编制也大小不一。到了万历二十九年（1601年），努尔哈赤的力量得到了进一步发展强大。这时努尔哈赤已统一了建州女真各部，并将矛头指向了海西女真，同时东海女真中也不断有人归降于他，努尔哈赤的土地和人口增长得很快。在消灭哈达，从而将海西四部打开了一个缺口后，他便开始着手对牛录制度进行改革，并加以推广和整编。他针对以前牛录制不完整、不普遍的弊端，决定将牛录制在其辖区内加以普遍推广，并且在大体上统一编制，以每一牛录辖员三百人为标准，每一牛录都设长官牛录额真一人。努尔哈赤对牛录的整编，奠定了八旗制度的基础，牛录额真从此正式成了基层官员。

在八旗制度建立起来之前，女真还有过一个前四旗的时期。

努尔哈赤起兵后，手下部众日增，先后涌现出其弟舒尔哈齐、子褚英和代善等良将。除了本人亲自统辖部分军队和属民外，努尔哈赤让另外三人也分别统领一部分部众和军斟疆。到17世纪初（约1601—1610年）时，努尔哈赤在原来的四大势力的基础上设立四固山、四旗。四旗的旗主分别由他本人、舒尔哈齐、褚英、代善来担任，这就是所谓的前四旗。

到了万历四十三年（1615年）时，八旗制度最终被确立起来了。

八旗中每一旗的组织形式如下：五牛录设一甲喇额真，五甲喇设一固山额真，每固山额真左右设两梅勒额真（即固山额真的副手），固山就是后来所说的"八旗"的"旗"。从牛录到甲喇，再从甲喇到旗，均以五为进制，即每旗下辖五甲喇，每甲喇下则辖五牛录，即每旗共计二十五牛录。另外还设有"固山额真"作为旗主之下各旗的管理者。此后随着部族人数的增加，每旗所属甲喇的数目也不时有所增多，但旗的总数则维持不变，一直都是八个。

八旗制刚刚建立时，旗主一职由努尔哈赤的子侄等人担任，被称为八和硕贝勒。

八旗各级官员的名称前后变动过几次。后金天命五年（1620年），努尔哈赤效仿明制，改称牛录额真为备御，甲喇额真为参将，固山额真为总兵官。皇太极继位后，为防止满人汉化，他又于天聪八年（1634年）对各级官名的满语称呼予以恢复：备御（原牛录额真）为牛录章京，政参将（原甲喇额真）为甲喇章京，总兵官（原固山额真）为昂邦章京。清军入关后，又再次将各级组织及官员的名称译成汉文，牛录的长官称佐领，甲喇的长官称参领，固山的长官称都统。这样，入关前后八旗中各级长官的名称前后一共经历了四次变更，以牛录一级的长官为例，经历了牛录额真—备御—牛录章京—佐领这样一个演变过程。

满族的社会制度

在入关前,八旗制度是兵民一体、军政合一的社会组织形式,是女真族(满族)的一个包括军事、经济、行政等各项职能在内的根本制度。

首先是军事制度。八旗中每一名适龄男子(通常为十五岁到六十岁)都具有双重身份,既是民,又是兵,在平时是平民,要从事耕猎,而到了战时则要披甲从戎。每牛录披甲的数目并不固定,有时是五十甲,有时又是一百甲,这样就组成了一支骁勇善战的八旗劲旅。在行军时八旗兵根据道路的宽狭,或是八路并进,或是兵合一路。在作战时,八旗基本上分为前锋、骁骑和护军三个部分。前锋军队身穿牢固的甲衣,手持长矛大刀冲锋在前;骁骑军队身披轻甲,从后发动冲击;护军则是精兵,又叫作巴牙喇,均系从各牛录中挑选出来的精锐,战斗进行时他们横刀立马,见机行事,以备攻杀。在入关前,八旗士兵都没有军饷,武器马匹都由士兵自己准备,其战争所得的报酬便是战胜后分配的战利品,而这也是他们的收入之一。因此每到出兵之时,八旗士兵的家人都欢呼雀跃,希望能够得到一些财物。

其次是经济制度。当时的各种行政费用是以八旗下牛录为单位分摊的,努尔哈赤早在整编牛录后、八旗制度建立起来的万历四十一年(1613年),就命令部众以牛录为单位交税。每牛录出牛四头、男丁十名,在空地耕田,所得收成均入公共粮库。在八旗中生产和作战并重,牛录额真既是军事将领,又是生产劳动的组织者,他的职责之一就是督促本牛录搞好生产。后金天命六年（1621年），努尔哈赤还曾亲自过问各牛录庄稼收割的情况。

最后，八旗制度又是一种行政制度，大小各级官员，在身为军附领的同时，又是行政官员。天命四年（1619年），努尔哈赤曾对牛录章京以上官员谆谆告诫，要求汗所任命的诸大臣以下等各级官员"坚守法令，努力管辖"，统治后金人民的官僚队伍就是这样由牛录额真、甲喇额真和固山额真等各级官员组成的。

在当时情况下，八旗制度是努尔哈赤所能找到的最行之有效、最有利于统治的一种制度。八旗制度的建立使得女真统一事业的成果得到了巩固，促进了满族的形成。这之后，后金的社会经济不断得到发展，军队战斗力也得到了很大的提高。

满洲八旗制度建立以后，在相当长的一段时间内，汉族人和蒙古族人也隶属于其中。皇太极继位后，蒙古八旗和汉军八旗也相继建立起来了。

后来的降金明将孔有德、尚可喜、耿仲明、沈志祥四人奏请"以所部兵随汉军行走，上允其请"。这就是说，作战时他们要对八旗的行动予以配合，但四人统辖的军队编制可以不作变动。后来，沈志祥的军队加入了汉军正白旗，而孔、耿、尚三人所统部队则一直到平定三藩之乱后才完全编入汉军八旗。

第四章

汗位之争

努尔哈赤虽建立了北方政权,然而政权内部却时刻存在着权力之争。在历代皇权争斗之中,没有父子、兄弟之情。努尔哈赤也不例外,于是便有了努尔哈赤的「幽弟杀子」。历史承认他的功绩,但同时也揭露了他的冷酷无情。在一场场斗争之后,胜者为王,败者身死。然而一切也终将归于暂时的平静,而后胜者将励精图治,有所作为,这就是皇权游戏。

储位之争

幽弟杀子

努尔哈赤起兵之后,所向披靡,战无不胜,然而岁月不饶人,随着岁月的流逝,对于年近花甲的努尔哈赤来说,选立储嗣,为身后之事设计,已经是越来越急迫的事了。他一开始想按嫡长继承的原则选立储嗣,便为此展开了幽弟杀子之行。

万历二十七年(1599年),努尔哈赤兄弟合兵出征哈达女真部,哈达兵出城挑战。舒尔哈齐用兵布阵的动作稍有迟疑,努尔哈赤就在全军将士的面前,铁青着脸,厉声斥责舒尔哈齐:"带着你的兵冲上去!不要往后面退缩!"

如此,满面赧色的舒尔哈齐,只好冒着城头如雨的箭矢,不顾一切地往上仰攻。后来虽然把城攻下了,但军中的伤亡却很多,这是努尔哈赤首次在临敌的状态下打击与自己齐名的舒尔哈齐的威信,这对于舒尔哈齐而言,已然是一种不祥的预兆了。

后来的乌碣岩一战成就了褚英最初的英名,却令英名一世的舒尔哈齐背上了畏敌怯战的骂名。当时，建州女真的子弟兵中约有三分之一的将士归舒尔哈齐统领。努尔哈赤没有急于打击舒尔哈齐，而是不动声色地提出：把舒尔哈齐平时最得力的两员大将常书、纳齐布处死。这就逼着主将舒尔哈齐厚着脸皮向努尔哈赤恳求："若杀二将，即杀我也！"

努尔哈赤提出要赦免二将的死罪，胞弟舒尔哈齐就要暂时离开队伍休养一段时间，这就顺势削夺了舒尔哈齐的兵权。

戎马一生的舒尔哈齐被迫幽禁于家居，心情颇为郁闷不乐。有时，郁闷无可释怀之时，舒尔哈齐就会口出怨言："这样活着有什么意趣，还不如早点死去。"

万历三十七年（1609年）三月，努尔哈赤杀掉了舒尔哈齐两个擅自移居的儿子，"尽夺赐弟贝勒之国人、僚友以及诸物"。又把对舒尔哈齐念念不忘的大臣乌尔坤吊在一棵大槐树下，堆积柴草在他的身边，将他烧死。

褚英，万历八年（1580年）生，生母佟佳氏（努尔哈赤的第一个大福晋），实际上他是努尔哈赤的嫡长子。褚英打仗很勇猛，立过很多军功。万历二十六年（1598年），努尔哈赤命巴雅喇、褚英和大将费英东、噶盖等率领一千兵马，征讨安褚拉库（今松花江上游二道江一带）。褚英和他的叔父率领兵马日夜兼程，很快到达安褚拉库，先后攻取屯寨二十余个，俘获人畜一万多，大胜回朝。由于他年少无畏，旗开得胜，努尔哈赤赐给他"洪巴图鲁"的封号。褚英这一年才十九岁，从此他受到努尔哈赤的喜爱，成了努尔哈赤南征北战时不可缺少的助手。

不久之后，努尔哈赤决定让褚英掌管政事，以锻炼其能力，提高其威信，以便在自己去世之后其能将治国的重任承担起来。褚英执政期间有很大的权力，不但裁决国事，而且秉持政务。但好景不长，万历四十年

（1612年），褚英遭到了努尔哈赤的斥责，同时也被剥夺了部分牧群和属民，事实上的执政身份也失去了。关于他的罪名，是由努尔哈赤亲自举用的开国五大臣（额亦都、费英东、扈尔汉、安费扬古、何和里）和爱如心肝的四个子侄（代善、皇太极、莽古尔泰、阿敏）联合告发的，主要内容是：第一，离间五大臣，使其苦恼不堪；第二，折磨阿敏、代善、皇太极、莽古尔泰四弟，让他们立誓效忠，而且不许上告"汗父"；第三，威胁五大臣、四弟，声称："我即位之后，要杀掉与我作对的诸位兄弟和大臣。"褚英看了努尔哈赤给他的九人各自写来的弹劾文书，对此供认不讳。努尔哈赤对他说："像你这样，我怎能让你执政？"

同年九月，努尔哈赤亲自率领第五子莽古尔泰、第八子皇太极等统兵征伐乌拉，褚英既没能随努尔哈赤出征，也没有被任命守城。第二年，努尔哈赤率领三万军队再征乌拉，这次褚英还是没能出征，守城的是莽古尔泰和皇太极，也不是褚英。褚英失落之余，顿生怨怒，于是他暗中作书诅咒出征的汗父、诸弟和五大臣，"祝于天地而焚之"。而且他还对亲信说：我倒希望乌拉把建州军队打败，然后不许父亲和诸弟进城。事后褚英的亲信把褚英的这些话秘密上告，于是努尔哈赤将褚英监禁于高墙之中。万历四十三年（1615年），努尔哈赤将时年三十六岁的褚英处死。

褚英被杀之后，努尔哈赤并没有把立储的念头打消，接班的第二个人选是代善。

代善是努尔哈赤的第二个儿子，与褚英都是佟佳氏所生。褚英死后，他成了事实上的嫡长子，他曾经为建立和发展后金立下汗马功劳。在乌碣岩战争当中，他的英勇并不在褚英之下，阵斩敌方主将博克多，为建州军队的胜利立下大功，努尔哈赤赐予"古英巴图鲁"的称号。

硕托是代善的第二个儿子，代善听信继妻的话，对硕托百般刁难，甚至以硕托与庶母（代善之妾）通奸之名诬陷硕托，欲置其于死地。代善被继妻迷惑，虐待硕托，使得努尔哈赤对代善非常反感。其实，代善已经得罪了"汗父"，即使他没有错，"汗父"也有可能随时找他的麻烦，当他确实有错时"汗父"更不会放过他。努尔哈赤因他的虐子惧妻之过而把他严厉地斥责了一顿，并废除了他的太子之位，剥夺了他的所属部众，代善赶忙悔过自新，杀死继妻，向"汗父"请罪，如此才把他大贝勒的地位保住。

皇太极继位

后金天命六年（1621年），皇太极遭到了努尔哈赤的斥责，说他目无诸兄，不能互敬宽厚，指责济尔哈朗（阿敏弟）、德格类（莽古尔泰弟）、岳托（代善长子）亲近皇太极。

努力尝试了两次选立继承人都失败以后，经过思考，努尔哈赤决定在他去世以后不沿用旧制，而采取八和硕贝勒共治国政的制度，以便使政局稳定，维持权力平衡。

天命七年（1622年）七月以后，八和硕贝勒的权力较之以前又得到了进一步扩大，而这时努尔哈赤已是一个六十四岁的老人了。为准备自己的后事，他开始逐渐将权力下放，进行权力过渡。天命十一年（1626年）八月十一日，六十八岁的努尔哈赤离开了人世，八和硕贝勒共治国政的阶段正式开始。

就在努尔哈赤去世的当天，代善的长子、三子就对代善说："国家不

皇太极

可一日无君。四贝勒皇太极才德冠世，深合先汗（指努尔哈赤）圣心，并且大家都对他心悦诚服，应该让他尽快继承汗位。"对此，代善当即表示赞同，说："这个想法我很早就有了，你们二人的意见与我不谋而合。"他先去找二贝勒阿敏、三贝勒莽古尔泰，在与他们取得一致意见后，又将结果向诸弟子侄做了通告。次日，在代善的倡议下，他们共同起草了一份劝进书，请求皇太极继承汗位。在此期间，诸贝勒唯恐努尔哈赤的第三个大福晋乌拉纳喇氏会为她的几个幼子争夺权力，便宣称努尔哈赤死前留有遗言：她心术不正，我死后她必会扰乱政局，令她给我殉葬。诸贝勒于是逼她自殉，从而减少了皇太极继承汗位的阻力，至此，努尔哈赤时代的汗位之争告一段落。

天命十一年（1626年）九月，皇太极正式继汗位，第二年又改元为天聪元年，并且根据八和硕贝勒共治国政的精神与代善等贝勒对天盟誓。此后皇太极凭其卓越的才能，使得自己的权力和威望不断得到加强，囚禁了阿敏，打击了代善、莽古尔泰。到天聪六年（1632年），他又将与大贝勒共坐的朝仪取消，自己南面独尊。至此，八和硕贝勒共治国政的制度已是名存实亡。天聪十年（1636年），皇太极又被拥戴为皇帝，至此，八和硕贝勒共治国政的制度便完全退出了后金的历史舞台。

努尔哈赤的儿女们

人名	孩子	称谓
爱新觉罗·褚英	长子	广略贝勒
爱新觉罗·代善	次子	和硕礼烈亲王
爱新觉罗·阿拜	三子	奉恩镇国勤敏公
爱新觉罗·汤古代	四子	镇国克洁将军
爱新觉罗·莽古尔泰	五子	和硕贝勒（因罪夺爵）
爱新觉罗·塔拜	六子	奉恩辅国悫厚将军
爱新觉罗·阿巴泰	七子	和硕饶余敏郡王
爱新觉罗·皇太极	八子	清太宗
爱新觉罗·巴布泰	九子	奉恩镇国恪僖公
爱新觉罗·德格类	十子	和硕贝勒（因罪夺爵）
爱新觉罗·巴布海	十一子	镇国将军
爱新觉罗·阿济格	十二子	英亲王
爱新觉罗·勒慕布	十三子	奉恩辅国介直公
爱新觉罗·多尔衮	十四子	和硕睿忠亲王
爱新觉罗·多铎	十五子	和硕豫通亲王
爱新觉罗·费扬果	十六子	无封
固伦公主	长女	东果格格，亦称东果公主
和硕公主	次女	嫩哲格格，亦称沾河公主
莽古济	三女	称哈达公主，未正式册封
穆库什	四女	和硕公主
名不详	五女	无封
名不详	六女	无封
名不详	七女	乡君品级
聪古伦	八女	和硕公主
和硕公主	养女	巴约特格格，又称逊戴格格

皇太极巩固政权

天聪新政

皇太极继位之初，面临许多重大的问题：阶级矛盾尤其是民族矛盾相当尖锐；汉族奴隶大量逃亡，满族人不断遭到汉族人的袭击；更为严重的是，武装暴动震撼着后金在辽东的统治。

与此同时，后金的经济面临崩溃。皇太极继位才半年就遇到了大荒年，"国中大饥"，粮食奇缺，物价飞涨；社会秩序混乱，盗窃盛行，牛马成了盗窃的主要对象，凶杀、抢劫到处发生。皇太极叹息说："民将饿死，是以为盗耳。"可以说，经济已到了破产的地步。

除此之外，军事上的接连失利，使整个局势更加充满危机。

面对这样的境况，为了解决内部危机，皇太极主要从两个方面着手：

第一，抚汉联蒙古。皇太极知道，汉官汉民备受虐待是祸乱之源，因此对努尔哈赤之前的措施适时做出调整，提出"治国之要，莫先安民"。

皇太极宣布：之前想逃跑的及与"奸细"往来的国内汉官汉民，事属已往，不再追究其罪过，结果"逃者皆止，奸细绝迹"。他强调"满、汉之人，均属一体，凡审拟罪犯、差徭公务，毋致异同"，"满洲、蒙古、汉人视同一体"，"譬诸五味，调剂贵得其宜。若满洲庇护满洲，蒙古庇护蒙古，汉官庇护汉人，是犹成苦酸辛之不得其和"。他采取具体步骤，从多方面来改善汉族人的政治、经济状况，调和满、汉之间的矛盾。皇太极优待汉官，笼络汉族士人，说"士为秀民，士心得，则民心得矣"，并下令对汉儒实行两次考试，选拔四百二十八名秀才，发挥他们的作用，并起用一部分人到文馆工作。皇太极这样调整政策使得"民心大悦，仁声远播"。这些政策调整，顺应民心，得到了汉族人民的认同。

同时，皇太极十分重视学习汉族文化。他认为明罗贯中所著《三国演义》含有丰富的战略、战术思想，对于指挥打仗很有借鉴作用。他命令翻译这部书为满文，培育了一代又一代清朝将领。与对待汉族不一样的是，皇太极主要着力于笼络蒙古贵族，与他们进行联姻，以达到合作结盟的政治目的。

在农业生产方面，皇太极采取了一系列卓有成效的措施：停止妨碍农业生产的建筑工程；禁止屠杀牲畜；禁止满族人擅取汉族人财物；禁止放鹰糟蹋庄稼；实行"三丁抽一"政策：一家三丁，一人出去打仗，两人留下从事生产，以保证劳力。这些措施，发展了农业生产，使后金经济有了很大发展。

天聪元年（1627），皇太极实行了满汉分居、将汉族人编为民户的政策。早在天命时期，努尔哈赤就曾经下令将汉族人全部编入一种叫作"拖克索"的农庄。努尔哈赤按满官的品级大小把汉族人整庄整庄地赐给满族官吏做奴隶，备御官各赐一庄。那时，满、汉"同处一屯，汉人每被侵扰，多致逃亡"。皇太极决定对这一政策进行改革，他下令每庄的十三名汉族壮丁中只留八人，其余五名壮丁编为民户，与满族人分屯别居，并选择清正的汉官对之加以管辖。这样一来，相当一部分的汉族人摆脱了奴隶的地位，恢复了编户齐民的身份。从此，一度紧张的满汉关系得到了一定缓和，同时，这一改革也解放了生产力，提高了后金的生产发展水平。

天聪三年（1629年），后金重新颁布了《离主条例》。所谓《离主条例》，就是指奴隶可以控告主人，如果审讯得实，主人将被按有关规定治罪，而奴隶则可以离开主人。新议定的《离主条例》一共六款，其规定除八旗旗主外，满族贵族及各级官吏如犯有擅杀人命、私行采猎、奸淫属下妇女、隐瞒部下战功不报等罪状，属下均可向有关方面告发。《离主条例》中所指的奴仆或奴隶当然也包括汉族人在内，包括留在原田庄中的八名汉族人壮丁。如果说满汉分屯别居的政策使得部分汉族人奴隶得以解放的话，那么《离主条例》的主旨就是要对包括汉族人在内的奴隶的生命财物安全加以保护，这两者都有利于满汉关系的改善。

第二，巩固政权。皇太极继汗位时，是和代善、阿敏、莽古尔泰三大贝勒按月分值，轮流执政的。这三位贝勒对皇太极处处施以掣肘，在这样的情况下，皇太极虽然名义上是大汗，"实无异于整黄旗一贝勒也"。这种群龙无首的状况是非常不利的，而且以皇太极的个性，他也不会容忍这一局面继续下去，一场围绕权力进行的争夺必然会发生在大汗与诸贝勒之间。天命十一年（1626年），一项决议被皇太极与诸贝勒通过，即每旗设总管旗务大臣一名，该大臣直接掌管旗务，他们可以与旗主贝勒一道参与国政。不久，他又让所有贝勒都参加议政会议，并让每旗增派三人议政，这样，就在一定意义上使得各旗主贝勒的权力和势力受到分散和牵制。而在对八旗大臣重新进行任命的同时，皇太极又将自己在继汗位之前所领的正白旗改为正黄旗，镶白旗改为镶黄旗，而阿济格、多尔衮、多铎三人直接从努尔哈赤手里继承下来的镶黄旗则被改为正白旗，正黄旗则被改为镶白旗。到这时，皇太极便和努尔哈赤一样，也直接拥有两黄旗了，后金国的大汗再度与两黄旗旗主合二为一。

天聪三年（1629年）正月，皇太极与三大贝勒议定，对四大贝勒按月分掌政事的惯例予以取消，将值月之事改由诸弟侄贝勒代理。这一决定名义上是怕代善、阿敏、莽古尔泰三大贝勒操劳过度，实际上是皇太极借此来削弱他们的权力。四月，皇太极又命文馆文臣分为两班，一班专门翻译汉文书籍，以便对历朝的治国经验加以借鉴；另一班对本朝政事加以记注，以利对政治得失加以总结。文馆是后来清内阁的雏形，在当时实际上是汗的辅政班子。

天聪四年（1630年），二贝勒阿敏弃守滦州、迁安、永平、遵化四城，败回沈阳，皇太极借此机会大做文章。他与诸贝勒集议，定阿敏十六大罪状，将其所属人民、奴隶和财产尽数剥夺，并将其本人幽禁。从此，这位专横跋扈、实力雄厚的二贝勒再也不能与国汗平起平坐了。

天聪五年（1631年）七月，皇太极仿照明朝官制设立六部，每部由一名贝勒主管，下设承政、参政、启心郎等官位。六部分理政事，直接对国汗负责，从而使得汗权得到很大提高。八月，正蓝旗主三贝勒莽古尔泰与皇太极发生争执，两人越吵越烈，莽古尔泰一气之下握住佩刀柄，对皇太极怒目相向，对此，皇太极自然是衔恨在心。两个月以后，经诸贝勒议定，莽古尔泰被革除大贝勒身份，降为一般和硕贝勒，并罚银万两，夺五牛录。十二月，后金召开会议对朝贺仪制一事进行讨论，在皇太极的授意下，诸贝勒决定取消大贝勒与国汗并坐的旧例，由皇太极一人南面独尊。南面独尊对皇太极来说，是其汗权取得极大发展的重要标志之一。

缓兵之计

　　天聪元年（1627年）五月初，皇太极亲率精锐，挥师西向。当时，诸城的修筑工程尚未最后完工，因此，当后金军队大兵压境之际，这几个城堡的明守军被迫弃城而逃，所以，这场大战的主要战场还是在宁远及刚刚修完的锦州城下。五月十一日，后金军队对锦州形成包围之势，并向城中劝降，结果被明总兵赵率教等拒绝。十二日，后金军发起猛烈的进攻，赵率教等守城将领冒着枪林弹雨，指挥将士顽强守卫锦州。城上炮火矢石交下如雨，后金军队受到重创，被迫后撤。在这场大战中，两军首次交锋以后金的失败告终。皇太极当然不甘心失败，他一面指挥军队继续向锦州城发动进攻，一面派人前往沈阳搬取援兵。

　　宁锦受挫的事实，使皇太极清醒过来了，他开始认识到击败明廷并不是一朝一夕的事情，大举伐明的时机尚未成熟。在此后的日子里，皇太极和他的谋臣们审时度势，逐渐形成了一套比较明确的对明策略：议和与军事掠夺相结合。

　　天聪元年（1627年）十月，皇太极直接致信明朝皇帝，希望双方早日议和，但此举没有得到任何结果。两年后，他又于天聪三年（1629年）正月主动致书袁崇焕，提出了恢复和谈的愿望，并且为表示议和诚意，未在信中使用天聪年号，这之后他又先后七次致书明朝求和。

　　皇太极的议和条件主要有两个：一是要保住所占领的辽东地盘，二是索要相当数量的财物。如果议和能够达成，那么后金将一下子得到巨额财富,这将使后金财物匮乏的状况得到缓解,从而使后金国力得到增强;如果议和不成,那么他也就有了深入明境抢掠的借口。

从一开始,皇太极就从未停止过对明用兵。天聪三年(1629年)十月,皇太极亲统大军,取道蒙古,由喜峰口突入明境,一举攻陷遵化城,并于十一月十七日兵临北京城下。后金军队突入长城时,袁崇焕正在广宁。他得知这一消息后,急忙率祖大寿等挥师入关,赴京勤王。北京城下一战,后金军队被袁崇焕与祖大寿杀退。但由于皇太极施行反间计,使明朝廷杀了袁崇焕,祖大寿因而非常害怕,率军溃逃出关,于是皇太极与没有了袁崇焕和祖大寿的明军在北京城下展开大战。这一战,后金军队阵前斩杀了明将满桂,生擒总兵黑云龙和麻云等。不久,皇太极又引兵东行,一路连下遵化、永平、滦州、迁安四城,并分别留兵驻守,自己则率军由冷口关北返。五月,明军向永平等四城发动猛攻,四城守将阿敏、硕托等弃城而逃。

天聪六年(1632年)七月,皇太极在得知明朝修大凌河城的消息后,亲率大军由沈阳出发并最终于八月六日进抵大凌河城,把大凌河城围了个水泄不通。明将祖大寿粮草断绝,坐困城中,被迫献城归降。后来祖大寿将自己的儿子留在后金充当人质,假意说如放其回锦州,将为后金赚取该城。皇太极信以为真,准许祖大寿返回锦州。后来祖大寿又为明朝效力了十年,才真正投降皇太极。通过大凌河一战,后金军队缴获了大量的鸟枪和火炮,又成功地招降了张存仁等三十余名明朝在辽东的战将,从此,明朝在辽东再也无力向前推进了。天聪八年(1634年),皇太极再次挥师入关,向明朝的宣、大两镇发动进攻,并掠取了大量的人口和财物。

征服林丹汗

明末清初之际，蒙古分裂为漠南、漠北和漠西三大部。其中漠南蒙古（今内蒙古）处于明与后金之间，其内部又分为察哈尔、喀尔喀等许多部，对明与后金来说它们的向背都至关重要。皇太极针对各部对后金的不同态度，分别采取了不同的政策。科尔沁部早在努尔哈赤时期便已归附后金，皇太极继位后便继续采取笼络政策。喀尔喀部又包括札鲁特、巴林、敖汉、奈曼等五小部，它们对后金的态度不时反复，时服时叛，皇太极对它们采取又打又拉的政策。天命十一年（1626年）十月，皇太极继位不到两个月，就派代善等人率一万精骑前往该部对札鲁特部进行讨伐，并遣副将楞格哩率兵袭击巴林，两军攻敌不备，因而均大获全胜。不久，因受到察哈尔部的进攻，札鲁特与巴林部举部北投科尔沁。第二年，又分别脱离科尔沁部，归附后金。天聪元年（1627年）五月，迫于察哈尔兵威，喀尔喀五部中的敖汉与奈曼西部又举部归附了后金。这样，由于蒙古诸部的内部纷争和后金的军事压力，喀尔喀部大部分都投降了后金。

天聪二年（1628年）二月中旬，皇太极率精骑在敖木伦地方向察哈尔所属多罗特部落发动袭击，并俘获人口一万一千二百余人。后金第一次出兵，便大获全胜。天聪六年（1632年），皇太极率领十万联军向察哈尔发动进攻，林丹汗得知后向西逃跑，一直逃到青海大草滩，并于天聪八年（1634年）病死。林丹汗西逃死后，其部众便陆续归附后金。天聪九年（1635年），皇太极派多尔衮等人统率一万精兵，西渡黄河，专程找寻林丹汗的儿子额哲。迫于后金军威，额哲与其母苏泰太后只得率部众归降后金，并将元传国玉玺也交了出来。这样，通过前后三次对察哈尔的用兵，强大的察哈尔部被后金打败了，漠南蒙古由此宣告统一。从此，西面的威胁解除了，昔日的敌人成了共同抗明的盟友。后金不但获得了大量兵源，而且打开了由山海关以西向明发动进攻的通道。

八大文治武功

皇太极的文治武功，主要有八大项。

1. 革除弊政，调剂满汉

努尔哈赤晚年，特别是进入辽河平原以后，实行了一些错误政策，比如大量移民，按丁编庄，清查粮食，强占田地，满汉合居，杀戮诸生，遭到了辽东汉民的反抗，有组织的武装暴动也此起彼伏。

皇太极继位后，对努尔哈赤的错误政策适时地做出了调整。

对汉族民众，他提出了"治国之要，莫先安民"的方针，强调满、蒙古、汉族之间的关系就像五味，"调剂贵得其宜"。他制定的新汉民政策是：汉族壮丁，分屯别居，汉族降人，编为民户，善待逃人，放宽惩治。于是汉民皆大欢喜，不再有逃跑的人。

对汉族官员，努尔哈赤原先的政策是汉官从属于满族大臣，自己的马不能骑，自己的牲畜不能用，自己的田不能耕，官员病死后，妻子要给贝勒家为奴。皇太极废除了这些政策，优礼汉官，以此作为笼络汉族上层人物的一项重要政策。他对归降的汉官给予田地，分配马匹，进行赏赐，委任官职。

2. 族名满洲，建号大清

皇太极做了两件影响千古、史册永存的事。一是改族名女真为满洲，天聪九年（1635年）十月十三日，皇太极发布改族名为满洲的命令，从此满洲族（简称满族）的名称正式出现在了中国和世界的史册上。

二是改国号大金为大清。天聪十年（1636年）四月十一日，皇太极在沈阳皇宫大政殿举行即皇帝位大礼，改国号"大金"为"大清"，改年号"天聪"为"崇德"。这样皇太极就有两个年号，一个是天聪，另一个是崇德，所以清朝出现了十二帝十三朝的现象。

皇太极改国号，称皇帝，意在表明自己不仅是满洲的大汗，而且是蒙古族人、汉族人乃至所有人的大汗，表明了他统一天下的雄心。

3. 完善君主专制体制

随着后金社会的发展，皇太极改革并完善了政权体制。一是除掉二贝勒阿敏、三贝勒莽古尔泰，又挟制大贝勒代善，废除了大汗同三大贝勒并坐制，改为皇太极"南面独坐"，强化了君主集权；二是巩固和完善了八旗制度，逐步设立了汉军八旗，以管理汉军及其眷属的军、政、民等事宜，并扩编了蒙古八旗，加强了对蒙古的统辖；三是创设了蒙古衙门，后改为理藩院，专门处理民族事务；四是仿效明朝的制度，设立了内三院、六部、都察院，形成了所谓"三院六部二衙门"的政府架构，基本完善了君主制政府的组织体制。

4. 造红衣炮，创建炮兵

皇太极在经过宁远之战、宁锦之战和北京之战三次重大失败之后，终于意识到自己失败的重要原因是没有最新式武器——红衣大炮。天聪五年（1631年）正月，后金仿制的第一批红衣大炮在沈阳造成，定名为"天佑助威大将军"。

从此，皇太极终于有了自己制造的红衣大炮，这是八旗兵器史上划时代的大事件，也是八旗军事史上的一座里程碑。此后，皇太极在八旗军设置新营"重军"，就是以火炮等火器装备的重型新兵种——炮兵。这样，明军的红衣大炮清军也拥有了，而清军的强大骑兵明军却没有，这使得皇太极在开拓疆域的武功中更是如虎添翼。

5. 向东出兵，两征朝鲜

天聪六年（1632年）正月，皇太极命二贝勒阿敏等率军东征朝鲜。阿敏统率大军，占领平壤，而后双方在江华岛杀白马、黑牛，焚香，定下"兄弟之盟"。

崇德元年（1636年），皇太极称帝时，朝鲜使臣拒不跪拜，双方撕扯，仍不屈服，于是皇太极以此为借口，在十二月第二次对朝鲜用兵。他亲自统率清军，直指朝鲜王京汉城。朝鲜国王逃到南汉山城，皇太极也率军到南汉山城驻营。第二年正月，朝鲜国王请降，皇太极在汉江东岸三田渡举行受降仪式，确立了大清同朝鲜的"君臣之盟"。

皇太极两次用兵朝鲜，达到了一石三鸟的目的：一是改变了朝鲜依附明廷而不从清廷的立场，二是得到了来自朝鲜的物资供应，三是解除了进攻明朝的东顾之忧。

6. 向北用兵，征抚索伦

崇德年间，皇太极两次发兵索伦，征讨博穆博果尔。双方在黑龙江上游雅克萨（今俄罗斯阿尔巴津）、呼玛尔（今呼玛）等地遭遇，经过激战，清军获胜，但损失很大。博穆博果尔率余部北逃，皇太极采用"声南击北"的计谋，预先埋伏蒙古骑兵在其逃路上，最后将博穆博果尔擒获。

皇太极征抚并用，以抚为主，终于使贝加尔湖以东、外兴安岭以南、乌苏里江至鄂霍次克海以北的广阔地域归属大清。

7. 向西用兵，三征蒙古

明清时期，蒙古地区分为三大部分：漠南蒙古（即今内蒙古），漠北蒙古（即今蒙古），漠西蒙古（即今厄鲁特蒙古）。

天聪九年（1635年），皇太极命多尔衮等统军第三次征讨察哈尔部，林丹汗的继承人、其子额哲率部民千户归降，并献上传国玉玺。就这样，为敌二十余年的察哈尔举部投降，广阔的漠南蒙古归于清廷。

8. 向南用兵，五入中原

皇太极向明朝用兵，五次大规模入塞，攻打北京，掳掠中州，陷落济南，反映了他的胆识、气魄、谋略的雄奇。

天命十一年（1626年）正月，努尔哈赤在宁远之战中惨败，不久忧郁而死。皇太极亲临战场，目睹了八旗战史上这场最惨痛的失败，发誓要为父汗报仇，于是发动了宁锦之战。天聪元年（1627年）五月，皇太极在宁远、锦州又战败，这使他认识到：袁崇焕是他经山海关进入中原的"拦路虎"。不久，皇太极想到一计：绕道山海关，攻打北京，调动袁崇焕"勤王"，实施"反间计"，后来借刀杀人除掉了袁崇焕。

松锦之战

攻占松锦

锦州是明朝设置在辽西的军事重镇之一,广宁中屯卫、广宁左屯卫设在这里。自从明清(后金)交战以来,锦州的战略地位日益重要。明朝派遣重兵驻守,加固城池,力图使锦州成为阻止清兵西进的一座坚固堡垒。

在军事进攻方面,皇太极很清楚,只有先打下锦州,然后从山海关进攻北京,才能给明朝致命的一击。

此时,局势已经有所转变。崇祯十三年(1640年)三月,皇太极鉴于漠南蒙古归附,朝鲜称臣,后顾之忧已解除,经多次绕道入关作战,削弱明廷实力后,想以十万兵力攻取锦州,打通辽西入关通道。于是,皇太极做了积极部署:命令郑亲王济尔哈朗为右翼主帅,多罗贝勒多铎为左翼主帅,各统兵开赴义州(今辽宁省义县)驻守,筑城屯田,筹措攻城器具,对锦州形成合围之势。

由此,松锦之战拉开序幕。

经过与明朝多年的交战，皇太极深深知道，实行围困才是对付明军的较为有效的措施。此时明朝对辽东的作战方略也屡有变化，袁崇焕提出的"凭坚城、用大炮"一策，守为正，战为奇，最为有效，它迫使清兵舍长取短，遍尝败绩。

袁崇焕后来虽然冤死，但他的这一战略方针却延续下来了。根据这个战略，明兵坚守城池，不轻易出城与清兵较量。十几年来，清兵无可奈何。现在，皇太极进兵义州屯种，目的也是为长期围困锦州提供后勤支持。

当时，明朝辽东名将祖大寿镇守锦州城。他本来在天聪五年（1631年）大凌河之战中已投降后金，当时他诡称妻子在锦州，要求迎接妻小，同时作为内应，智取锦州。皇太极放他回去，结果他一去不返，还当上了锦州的守将，祖大寿外甥吴三桂为副将。

由于祖大寿对清兵非常了解，而且在朝中将士中也很有威望，因此，祖、吴在辽东拥有强大实力，是明朝倚重的军事集团。崇德三年（1638年），清军发动入口之战，皇太极亲自领兵攻向宁远、锦州，祖大寿打败多铎的军队，皇太极要求祖大寿来见，祖大寿推辞不见。第二年，皇太极又领兵围攻松山，旁及连山、塔山、杏山，崇祯帝召祖大寿救援。皇太极要他来投降，也没有成功。祖大寿坚守锦州，清军屡攻不克。

从崇德六年（1641年）起，济尔哈朗开始命令诸军包围锦州。祖大寿向明朝廷告急。四月，皇太极亲往义州、锦州察看地形和明军态势，决定对锦州采取长期围困之策。这一年，清军攻打锦州，东关守将吴巴什降清，清军轻松地取得了锦州的外城。

此前，明朝已调洪承畴入卫京师。洪承畴（1593—1665），福建南安人，明万历进士，历任延绥巡抚，陕西三边总督，是明朝晚期不可多得的一位帅才。此时由于受到清兵的极大威胁，崇祯帝正式任命洪承畴为兵部尚书兼副都御史总督蓟辽军务，这是准备决战的重要一步。

洪承畴十月出山海关，调集曹变蛟、王廷臣、白广恩、马科、吴三桂、杨国柱、王朴、唐通八位总兵，十三万步骑，四万马匹，向东来解锦州之围。祖大寿驻守锦州，以松山、杏山、塔山三城为犄角。清朝也把耿仲明、尚可喜的军队调来，助围锦州。

洪承畴采取"步步为营，且战且守，待敌自困，一战解围"的战略，于崇德六年即崇祯十四年（1641年）七月，率兵进驻松山与锦州间的乳峰山。两军初战，"清人兵马，死伤甚多"，清军失利，几乎就要溃败了。

失败的消息传到盛京，皇太极见形势危急，事关重大，于崇德六年（1641年）八月亲自领兵进战。八月十九日，皇太极一行来到松山附近的戚家堡。

皇太极率领清军主力来到前线后边，决定实行围锦打援之策，与明军决战。皇太极亲征，大大鼓舞了清军的士气。他部署清军横截大路，再在高桥设伏，围追堵截，处处有备。明兵虽号称十三万，能战者只有白广恩、马科、吴三桂三总兵所统部。

当第二次突围失败后，洪承畴马上便在二十一日夜间召集部下将领开会研讨对策。开始时，洪主张以战图存，趁粮食未尽之前与清军决一死战。但是其手下将领的意见却发生了分歧，并且大部分人都主张回宁远取粮。在这一关键时刻，陈新甲的同党、监军张鹿麒写信给洪承畴，表示支持回宁远。最后，迫于众议，洪承畴不得不改变原来的想法，决定有计划地强行突围。他命令白广恩、王朴、唐通三总兵为左路，吴三桂、马科、李辅明三总兵为右路，两路并进，强行突围，等回宁远拿到粮饷之后携粮再战。洪承畴自己则和曹变蛟、王廷臣两位总兵留守松山，以待援兵。

皇太极做出部署，命令埋下伏兵，断去敌人的退路；袭劫明军的积粟，使明军丧失粮道；在高桥设埋伏，袭击明军的逃兵；在大路列阵，截击明军的援兵。

皇太极采取大包围的攻势，挖深壕困住了明军，洪承畴正欲决一胜负，而诸将以无饷为由，商议回宁远取粮。洪承畴认为"战亦死，不战亦死；若战，或可冀幸万一"。但部将各怀异志，还没等下令出击，王朴等总兵得悉皇太极亲征，慑于其声威，纷纷乘夜率领本部兵马撤退，遭到清军的伏击，明十三万兵被斩的就有五万余人。

经过激战，皇太极获得大胜，洪承畴只剩下一万余人退守在松山城内。曹变蛟、王廷臣突围入松山城，与洪承畴及巡抚邱民仰在松山坚守。松山城内缺粮草，外失救援，洪承畴几次欲突围而出，都遭遇失败。

崇德七年（1642年）二月，明朝松山副将夏承德暗地里投降清朝，密约为清军内应，二月十八日清军入松山，生擒洪承畴、辽东巡抚邱民仰等重要将领。皇太极马上下令就地杀掉邱民仰、曹变蛟、王廷臣，押解洪承畴到都城沈阳。三月初八日，锦州城内的祖大寿因孤立无援，率领锦州守军降清。四月，清军又攻克塔山、杏山，并毁二城，至此，持续两年的松锦之战结束。

自万历四十六年即天命三年（1618年），明朝与后金在抚顺第一次交锋开始，至崇祯十七年即顺治元年（1644年）清军入关，在近三十年间，有三大战役对明清兴亡产生了极其深远的影响，它们是萨尔浒之战、沈辽之战和松锦之战。萨尔浒之战，明朝在辽东一带的地位从有利转为被动；沈辽之战，明朝在辽东的势力几乎终结，后金在辽东确立统治；松锦之战，明朝失去关外的所有领地。清朝人说，萨尔浒之战是"王基开"，而松锦之战是"帝业定"，皇太极为定鼎燕京、入主中原奠定了基础，做好了准备。

顺治的拥立

崇德八年（1643年）八月，皇太极死，皇位继承出现了问题。当时八王阿济格、十王多铎及皇太极长子肃王豪格等人，都有夺位之心，各不相让。多尔衮由于在皇室中的固有地位，握有相当实力，也得到部分贵族的拥护。但两黄旗部下亲信索尼、图赖等人，坚持册立皇太极子继位。皇太极崩后五日，睿亲王多尔衮旨三官庙，召索尼议册立。索尼曰："先帝有皇子在，必然立其一，他非所知也。"是夕，巴牙喇章京图赖旨索尼，告以定立皇子。黎明，两黄旗大臣盟于大清门，令两旗巴牙喇兵张弓挟矢，环立宫殿，率以旨崇政殿。诸王大臣列坐东西庑，索尼及巴图鲁鄂拜首言立皇子，睿亲王令暂退。英亲王阿济格、豫亲王多铎，劝睿亲王继帝位，睿亲王犹豫未允，豫亲王曰："若不允，当立我，我名在太祖遗诏。"睿亲王曰："肃亲王亦有名，不独王也。"豫亲王又曰："不立我，论长当立礼亲王。"礼亲王曰："睿亲王若允，我国之福，否则当立皇子。我已经老了，能胜此耶？"乃定议奉世祖继位。索尼与谭泰、图赖、巩阿岱、锡翰、鄂拜盟于三官庙，誓辅幼主，六人如一体。

可见，册立幼子顺治即位，是在以豪格为一方、多尔衮为另一方，两派争执激烈的情况下的折中方案。多尔衮为了顾全大局，"性成仁让，坚辞大宝"，还将拥护他继位的代善子孙阿达礼及硕托杀掉，使满洲贵族内部的矛盾得到一定的解决。这是多尔衮为使满洲贵族内部达到一定团结所采取的果断措施，他在清朝统治者中间的威信日益提高，是和他在处理统治集团内部新旧矛盾中表现出的个人品德分不开的。

在尽快使清朝统一中国的问题上，多尔衮也较其他诸王更有远见。天聪七年（1633年）六月，皇太极曾询问诸贝勒："征明及朝鲜、察哈尔，三者何先？"多尔衮言："宜整兵马，乘谷熟时，入边围燕京，截其援兵，毁其屯堡，为久驻计，可坐待其敝。"后来副将祖可法也向皇太极建议："远者北京，乃是天下之首，得了此地，谁敢不服？"但皇太极总感力量不够，一味强调与明朝议和，在他在位期间，虽然也多次带兵攻打明朝，但大多从事骚扰劫掠，满足于饱掠而归，缺乏远略。直到皇太极临终前，祖可法等人仍主张"讲和之策，利于彼而不利于我"，应直攻北京，"断喉刺心，则其人立毙""直取燕京"，而皇太极仍坚持"取燕京如伐大树，须先从两旁削，则大树自仆"，强调"我先克关外四城，再克山海，则北京可得，今未也"。崇德八年（1643年）三月，皇太极虽知"明有必亡之兆"，但当时他已重病在身，力不从心了。至于满洲其他诸王，亦同样缺乏夺取北京、统一中国的胆识。八月二十六日，六岁的福临在沈阳登基为大清国新帝，改次年为顺治元年。当顺治继位后，济尔哈朗与多尔衮共同摄政，且济尔哈朗名次在多尔衮前。

第五章

无力回天的崇祯

大明王朝最后一位皇帝——明思宗崇祯帝，在危亡之中莫名其妙地登上了皇位。在前几位皇帝的挥霍下，国家已是破败不堪，故世人称他是「破烂皇帝」并不为过。虽然他想重振祖业，也励精图治了几年，然而，内忧外患不断，江山摇坠，他以一人之力已是无法挽救。在垂死挣扎之中他又听信谗言，自毁长城，导致王朝加速灭亡，自己终落得煤山一叹，自缢而亡。

时局暂稳

宁锦防线

孙承宗（1563—1638），字稚绳，号恺阳，北直隶保定高阳人。他青年时就对军事有着非常浓厚的兴趣，还在边境教书期间，他"仗剑游塞下，从飞狐（今河北涞源北飞狐关）、拒马间直走白登（今山西大同东），又从纥干（今山西大同东纥真山）、青波（今河北清河）故道南下，结纳豪杰戍将老卒，周行边垒，访问要塞险塞，相与解裘马，贳酒高歌，用是以晓畅房情，通知边事本末"。

万历三十二年（1604年），孙承宗中进士，并被授以翰林院编修之职。天启元年（1621年），他以左庶子的身份充任日讲官，不久，又被升任为少詹事。当时，辽沈之战明军大败，孙承宗因深悉用兵之道而被任命为兵部尚书、东阁大学士。上任以后，他上疏列举当时明廷在军事体制与战场指挥上的弊端，并希望能够对之进行改革。该奏疏的主要内容为：第一，军队疏于训练，后勤供应混乱。第二，"以将用兵，而以文官招练；以将临阵，而以文官指发；以武略边，而增置文官于幕府"，指出当时"以文制武"指挥策略的失误。"以边任经、抚,而日问战守于朝",指出"将从中御"的不妥。因此,他主张"今天下当重将权。择一沉雄有主略者,授之节钺,得自辟置偏裨以下,勿使小吏用小见沾陵其上"。此外,还要抚辽西、恤辽民、简京军等,都得到了熹宗的批准。

为了听取各方面对如何防守的意见,孙承宗召集将吏进行讨论。监军阎鸣泰主守觉华岛(辽宁兴城东三十里海中,今称菊花岛),袁崇焕主守宁远卫,王在晋则主守中前所,监司邢慎言、张应吾等附和王在晋的意见。孙承宗在全面考虑了各方意见,权衡利弊得失后,表示支持袁崇焕主守宁远的意见。

宁远,位于辽西走廊中部,"内拱岩关,南临大海,居表里之间,屹为形胜"。守住宁远,也就等于扼住了这条走廊的咽喉,能确保二百里外的山海关的安全。因此,孙承宗决计守卫宁远,是颇具战略眼光的。

孙承宗回到北京,向熹宗详细上奏了其坚守宁远,以与觉华岛守军互为犄角、遥相呼应的战略计划,正式提出了"以辽人守辽土,以辽土养辽人"的战略方针,并建议解除王在晋的兵部尚书及辽东经略之职。熹宗接受了孙承宗的意见,将王在晋调任南京兵部尚书。自此,八里铺筑城之议遂息。

王在晋调走后,山海关的防务采取并贯彻了孙承宗与袁崇焕主守关外的战略。此后,经数年艰辛的努力,一道坚固的宁(远)锦(州)防线布置成功,并且最终成为一道后金骑兵不可逾越的障碍。从努尔哈赤到皇太极,始终都没能完全打破这道防线,在屡次碰壁之后,他们被迫望宁远而却步。这道防线不仅确保了山海关免受攻击,而且在此后的二十余年间,基本上稳定了辽西走廊的战局。

天启二年(1622年)八月,孙承宗被任命为辽东经略,随后他便开始实行他的战略计划。孙承宗认为要保住山海关,就必须先巩固辽西,要恢复辽东也必须先巩固辽西。于是,他开始对宁锦防线进行部署。

他首先大力整顿了关门防务,经过几个月的整顿,他稳定了关门局势,从而为恢复辽西失地稳固了根基。

与此同时,他还开始着手修筑宁远城。天启三年(1623年)九月,孙承宗命祖大寿修复宁远,并令驻军尽速恢复山海关至宁远沿线被焚弃各城,召辽人回故居,垦荒屯田,重建家园。又发展采煤、煮盐、海运等事业,以充实民力,确保军需。宁远城竣工后,又调袁崇焕镇守,孙承宗自己则亲自镇守山海关。在袁崇焕的精心治理下,宁远"商旅辐辏,流移骈集,远近望为乐土",成为一座进可攻、退可守的军事重镇。随着宁远守城日渐牢固,明军的防线不断向外拓展。天启五年(1625年)夏,孙承宗派遣将领分别镇守锦州、松山、杏山、石屯及大小凌河各个城镇,这样,明边防又自宁远向前推进二百里,自此形成了以宁远为中心的宁锦防线。

誓死坚守

孙承宗提拔选用了袁崇焕等一大批忠正耿直的文武人才,使得明军的边防更加完备。"自承宗出镇,关门息警,中朝宴然,不复以边事为虑矣",不但扭转了原先的那种颓败之势,且整个形势变得越来越好。正当孙承宗坚定意志想要振兴明朝的时候,却受到了来自魏忠贤的打击。

孙承宗功高权重,誉满朝野。魏忠贤为长久把持朝柄,一心想把孙

第五章 无力回天的崇祯

承宗也拉到自己一边，故多次对其进行试探，但均遭到拒绝，魏因此而怀恨在心。天启四年（1624年）十一月，孙承宗西巡至蓟、昌，上奏皇上请求在十一月十四日入朝庆贺万寿节，并面禀一些机密大事。魏忠贤听到这个消息，害怕孙承宗会以"清君侧"的名义，带领士兵诛杀自己，特别恐惧，当即命内阁拟旨，以"无旨擅离，非祖宗法"为名，令其返关。孙承宗无奈，只好返回。事后，阉党利用这件事攻击孙承宗"拥兵向阙，叛逆显然"，但熹宗没予理会。

天启五年（1625年）八月，柳河之败导致了孙承宗去职。山海关总兵马世龙，误信自后金逃归的"降虏生员"刘伯漒的话，派遣军队渡过柳河，偷袭耀州，不幸中了敌军的埋伏，大败而归。阉党借机小题大做，围攻马世龙，并参劾孙承宗。孙承宗一怒之下，接连向皇上呈上两份奏折，请求罢免自己的官职，并于九月辞官后回到了家乡。

孙承宗辞官以后，兵部尚书高第出任辽东经略。高第是文人，既不懂军事，也没打过仗。高第一上任，就完全背离孙承宗的军事部署，下令将宁锦防线撤销并拆除。在边关驻防的将领除镇守宁远城的袁崇焕坚持不听从他的命令外，其他的各个城镇的防守都被撤销，使得孙承宗的数年心血毁于一旦，明朝在山海关及其关外的军事形势也于顷刻间陷入了一场新的危机。以袁崇焕为首的广大将士浴血奋战，才使明军在天启六年（1626年）正月、天启七年（1627年）五月相继取得"宁远大捷"和"宁锦大捷"，挡住了后金的猛烈进攻，从而不仅使宁锦防线经受住了战争的考验，且使明朝避免了由于高第的错误军事决策而导致的军事大溃败。

崇祯二年（1629年），皇太极率领大军避开宁锦防线，假装想要从蒙古进攻，却突然从喜峰口突入关内，并相继攻克了遵化、迁安、滦州、永平,目标直指北京。此外,皇太极还成功地实施了反间计,使崇祯帝囚禁并最终杀害了袁崇焕。而袁崇焕的下狱,又导致军心涣散,将士东归,明朝廷顿时乱作一团。在此危难之际,明廷再次起用孙承宗,"诏以原官兼兵部尚书守通州",统筹全局。孙承宗首先晓以大义,安定了军心,然后调整各路军队的关系,统一行动,经历了几个月的艰苦作战之后,取得了"遵永大捷",并在崇祯三年(1630年)五月,将后金军队驱逐出了明朝的领域。

孙承宗再任辽东经略后,仍坚持以积极防御为主的方针,继续加强宁锦防线,决心重筑被高第毁弃的大凌河、右屯二城。崇祯四年(1631年)七月,孙承宗令祖大寿等率兵四千守大凌河,又征发一万四千人筑城。在八月六日,开始筑城不过二十天左右,大凌河的城墙才刚刚修完,雉堞也只修完了一半,后金的部队突然重新来到城下,并于当天开始围城,明军仓促闭门拒战。"承宗闻,驰赴锦州,遣吴襄、宗传往救"。但宁远巡抚邱禾嘉"屡易师期,传与襄又不相能,遂大败于长山"。到十月,大凌河已经被围困了整整三个月,守城的士兵到了弹尽粮绝而又没有支援的恶劣境地,祖大寿假借投降之机,逃回了锦州,大凌河再一次被敌人摧毁。大凌河失守,引起了明廷内部的互相倾轧,"廷臣追究筑城非策,交章论禾嘉及承宗"。孙承宗连疏,引疾求退。崇祯帝为平息朝议,准其归籍,孙承宗第二次被排挤下台。

崇祯十一年(1638年),清兵深入内地,并于十一月九日围攻高阳,赋闲在家的孙承宗率全城军民与之血战。三天后,高阳城破,孙承宗被俘,他因为坚持气节不肯投降,最后被活活勒死。

危亡之中的勤政

天启七年（1627年）十一月，魏忠贤上吊自杀，全国民心为之大快。

魏忠贤死后，崇祯帝对遗留在朝中的阉党势力予以了打击。监生胡焕猷上疏请求对那些为魏忠贤建生祠的总督、巡抚论罪，翰林院编修倪元璐上疏弹劾阉党，并提出为东林党翻案，对此，崇祯帝均予以赞同。崇祯元年（1628年）上半年，杨维垣、李恒茂、杨所修、孙之獬、阮大铖等阉党党徒相继被罢职。同年四月，倪元璐上疏请求将旨在攻击东林党人的《三朝要典》焚毁，对此崇祯帝表示同意。五月，《三朝要典》被焚。《三朝要典》被焚，对阉党党徒来说是一个致命的打击，当时的传讲孙之獬更是为之如丧考妣，痛哭失声。崇祯二年（1629年）正月，崇祯帝开始对阉党进行总清算，他指令大学士韩爌、李标、钱龙锡等确定从逆名单。韩爌等为人宽厚，不想扩大事态，只呈给崇祯帝一个四十五人的名单。崇祯对此很不满，下令再议，韩爌等于是便又报上了几十个人。但崇祯仍不满，并再次下令韩爌等人再议此事。崇祯坚决的态度，终于使得绝大部分阉党成员都被列入了逆案名单。同年三月,《定逆案》颁天下,阉党党徒自魏忠贤起,所处罪行分为六等:首逆凌迟者魏忠贤和客氏两人;首逆同谋立即斩首者崔呈秀等六人;结交近侍秋后处决者刘志选等十九人;充军者十一人;论徒三年输赎为民者一百二十九人;革职闲住者四十四人;以及魏忠贤亲属及宦官党附者五十余人,共二百六十余人。崇祯的这一举措显示了自己果敢的作风,赢得了朝野人士的一致拥护,令朝臣上下为之刮目相看,称他为"明主"。

崇祯继位时,接手的是一个由神宗、光宗、熹宗等人留下的烂摊子。明朝当时内忧外患:对内,政治腐败,阉党专政,天灾不断,民不聊生;对外,后金兴起,不断伐明。

后崇祯下令将镇守全国各地的宦官全部都撤回北京,边政由各地督抚专理。崇祯元年(1628年)正月,崇祯又对宦官的行动加以严格限制,不给他们可乘之机,大大地削弱了宦官的影响力。

崇祯七年(1634年)八月,崇祯下诏撤回监视总理内臣。其诏云:"朕御极之初,撤还内镇,举天下事悉以委之大小臣工。比者多营私,罔恤民艰,廉谨者又迂疏无通论。己巳之冬,京都被兵,宗社震恐,此士大夫负国家也。朕不得已,用成祖监理之例,分遣各镇监视,添设两部总理,虽一时权宜,亦欲诸臣自引罪。今经制粗立,兵饷稍清,诸臣应亦知省,其将总理、监视等官,尽行撤回,以信朕之初心。张彝宪俟漕竣即回监供职,惟关宁密迩外境,高起潜兼监两镇暨内臣提督如故。"可以说,士大夫取得了一个小小的胜利。正当他们为之陶醉、庆幸之时,七月间,清兵又一次南下,抵达居庸关。崇祯一看形势不妙,不假思索,即派精锐士兵,防治河口。不久,清兵入昌平,直接威胁京师。崇祯令兵部尚书张凤翼总督各路援军,太监高起潜为总监,辽东前锋总兵祖大寿、山海关总兵张时杰俱归属高起潜指挥。此后，又以太监张云汉、韩赞周为副总监，提督巡城、阅军；魏国征总督宣府，邓良辅为分守；卢维宁总督天津、通州、临清、德州，孙茂霖为分守。从这时的委任来看，宦官已不仅仅是监纪，而且是总督、分守，直接指挥军马。在这次京城保卫战中，高起潜畏惧不前，即使在清兵退归之时，部将请战，仍怯于追击，唯"割死人首级冒功"而已。

刚开始时，崇祯很重视对官吏的选用。崇祯元年（1628年）正月，他对天下官吏进行考核。二月，会试举行。在这年四月举行的殿试上，他对参试的士子提问，问他们怎样才能将天下治理好，力图能够起用那些精明强干、有真才实学的人。在罢去阉党阁臣黄立极、李国槽后，被崇祯亲自先后征点为东阁大学士、参赞机务的官员有：南京吏部侍郎钱龙锡；礼部尚书来宗道；礼部侍郎李标、杨景辰、周道登；少詹事刘鸿训。后来，他又征点韩爌、成基命、周延儒、钱象坤等人入阁。在这些人当中，虽然也有与阉党有瓜葛的，但大部分都是东林党人，他们办事都还是很谨慎的。崇祯元年（1628年）二月，崇祯首次开经筵，经筵讲官大多由大学士担任，他们都对崇祯尽力劝讲，而崇祯也尽力听之，还向讲官提出不少有关治国的问题。他还常常破格提拔人才，如四川人刘之伦曾被一下子由庶吉士提拔为兵部右侍郎；游方僧人申甫因人推荐，被超擢为副总兵。为了整饬边政，他起用袁崇焕，任用其为兵部尚书，督师蓟辽。崇祯元年（1628年）七月，他亲自召见袁崇焕，询问采取何种战略方针才能安定辽东。袁崇焕向崇祯细述自己的策略，并说如果工部给予足够的器械，户部提供充足的兵饷，吏部不干涉其用人，兵部不限制其调兵遣将，朝廷也能委以其全权经略辽东事务，那么五年之内他就可以恢复辽东。听后，崇祯很高兴，对袁崇焕的要求全都予以满足，并赐他尚方宝剑一把，以专事权。此后，袁崇焕本着"以辽人守辽土，以辽土养辽人，守为正着，战为奇着，和为旁着"的策略，积极布防，并很快就取得了明显的成效。同时，崇祯帝又任命杨鹤为兵部右侍郎，总督陕西三边军务。由于采取了一系列措施，崇祯初年，明廷的内政外交有了新的转机。

崇祯为了国事苦心操劳，煞费苦心，不知疲倦，不仅白天要处理政务，晚上也经常办公至深夜，一心想将国家治理好；在生活作风上，他也严于律己，崇尚节俭，衣食简朴。

起用宦官

崇祯二年（1629年）十一月，清兵再次南下，崇祯帝派乾清宫太监王应朝监军。十二月又任命司礼太监沈良佐、内官监太监吕直提督九门及皇城门，另外还任命司礼太监李凤翔督忠勇营，提督京营。从此，他开始重用宦官。崇祯四年（1631年）九月，任命太监唐文提督京营戎政，又分别派王坤、刘文忠、刘允中前往宣府、大同和山西，监视兵饷。十月，下令由太监监军，其中王应朝往关宁，张国元往蓟镇东协，王之心往中协，邵希诏往西协。宦官除被派去监军督饷外，还被派去督促察办钱粮税务、茶叶马匹、司法等政务。

尽管崇祯轻视文臣、偏袒宦官，但他对宦官也并不是完全信而不疑，有魏忠贤乱政的前车之鉴，他对宦官总是很提防，认为自己会重用宦官也是迫不得已。崇祯还觉得，皇上是完全可以重用宦官的，只要皇上英明，就能重用宦官而不让他们扰乱朝政。为了防范宦官，崇祯也费尽了心机，

第五章　无力回天的崇祯

其手段之一就是不时大规模地将在外的宦官撤回。事实上，崇祯这样做不过是自欺欺人而已。在辽东，自袁崇焕遇害后，军纪涣散，人人自危；在陕西，尽管农民起义军一时处于低潮，但并没有全部被消灭，崇祯预期的目的并不曾因太监监军而达到。因此，他在内心深处也对宦官产生了失望之情，因此便重新将政事委任给朝臣。

实际上，对是否重用宦官的问题，崇祯时常处于一种矛盾心态之中，罢了又用，用后又撤，但最终还是倚为心腹，这正体现了他性格中多疑、反复无常的一面。对朝臣他固然已失去信任，而重用宦官，国事又日非，于是他便在这样一种反复、忙碌而又焦躁不安中度日。

几年过后，情况日益恶化，崇祯三年（1630年）前后，陕西的农民起义军实力日益壮大。崇祯八年（1635年），凤阳被起义军攻占，皇陵和龙兴寺被焚，祖坟也被挖，对崇祯来说，这是一个很大的打击。而辽东的后金实力也日渐增强，袁崇焕被杀后，一直都找不到一个得力的可以抗击后金侵扰的边将。崇祯九年（1636年），皇太极称帝，改后金为"清"。清军兵强马壮，随时都可攻入内地，长驱直入。这两大忧患，令崇祯寝食不安，而又无可奈何。

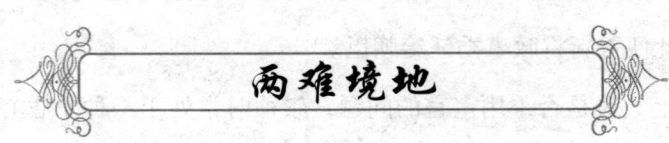

决策失误

崇祯帝继位以来,面临攘外与安内的两难选择。崇祯对此举棋不定,对"必安内方可攘外"的方针缺乏足够清醒的认识,没有下决心去实施,导致了明朝的灭亡。

崇祯八年(1635年)十月,在凤阳陵寝遭农民军焚毁而颁发的罪己诏中,他沉痛地反思这种内外交困的处境,归结为"倚任非人""遂致虏猖寇起","虏乃三入,寇则七年"。

正当他下令洪承畴督剿西北、卢象升督剿东南之时,崇祯九年(1636年)六月底,北方的满族铁骑突破长城要塞喜峰口,七月三日京师宣布戒严,兵部紧急征调各路勤王兵入援京师。正在郧西征战的卢象升接到调令,以兵部左侍郎兼都察院右佥都御史身份出任宣大总督,由安内转向攘外。

满洲武装突破长城关隘直逼京师,着实令崇祯帝吃惊不小。自从"己巳之变"以后,东北边防较为平静,不料清军竟以如此迅雷不及掩耳之势

第五章 无力回天的崇祯

出现在京城脚下。京师一戒严，各路勤王兵奉调赶来，关宁劲旅又重新回到边防重镇。一场虚惊过后，兵部尚书张凤翼畏罪自杀。崇祯帝环顾廷臣，无一人通晓军事、可堪中枢之任，便想起前任宣大总督、现正丁忧在家的杨嗣昌。

杨嗣昌接到皇上夺情起复的圣旨，抵京赴任，侃侃而谈，才辩阔达，崇祯帝视为能臣，每次召对都大大超过规定时间，激动得拍案叫绝，叹道："恨用卿晚！"

杨嗣昌出任兵部尚书后，接连不断地向皇上陈述他的治国方略，集中起来便是摆脱内外交困的三大方针：第一，必先安内然后才能攘外；第二，必先足食然后才能足兵；第三，必先保民然后才能荡寇。这三点可以说是他的一个施政纲领，以后陆续提出的一系列建议，都围绕着这个纲领而展开。

"必安内方可攘外"是最为关键的决策。崇祯二年（1629年）与崇祯九年（1636年）满族武装两次南下所构成的外患，与正在蔓延的"流寇"驰骋中原的内忧，两者之间孰先孰后、孰轻孰重，是在战略决策时无法回避的大事。在当时不少有识之士看来，必须先解决内忧才能排除外患。早在一年之前，吏科都给事中颜继祖就向皇上提出六大当务之急，其中之一便是"灭奴先灭寇"——"为今之计，必专心剪寇，而后养全力以制奴"。与此相比，杨嗣昌的分析显得更为深思熟虑而且颇有深度，他从皇上破格起用他为兵部尚书的谕旨中提及的"安边荡寇"四字谈起，表示了不同见解："皇上似乎以安边第一，荡寇次之，微臣以为必安内方可攘外。窃以为天下大势譬如人身，京师是头脑，宣大蓟辽等边镇是肩臂，黄河以南长江以北中原大地是腹心。现在的形势是，边境烽火出现于肩臂之外，乘之甚急；流寇祸乱于腹心之内，中之甚深。急者固然不可缓图，而深者更不可忽视。现在腹心流毒，脏腑溃痈，精血日就枯干，肢骸徒有肤革，形势危急。所以臣说必安内方可攘外，并非缓言攘外，正因为攘外至急，才不得不先安内。"

为此，杨嗣昌制定了"四正六隅十面张网"的方案，要确保这一方案，必须有足够的兵力与军饷，因而提议增兵十二万、增饷（银）二百八十万两。自从万历四十六年（1618年）明朝与后金战事爆发开征"辽饷"二百万两以来，万历四十七年（1619年）又加派辽饷四百万两，万历四十八年（1620年）加派辽饷五百万两，崇祯三年（1630年）加派辽饷六百六十万两，对于辽东战事仍有杯水车薪之感。随着内战的大规模展开，军饷成为一个棘手的难题。崇祯多次专门召集群臣寻求良策，没有一个大臣敢于提议在辽饷之外加派用于内战的军饷，只有杨嗣昌敢于从"安内第一"的高度提出加征军饷，因为加征军饷用于剿灭"流寇"，故而称为"剿饷"。

在崇祯的大力支持下，杨嗣昌的"必安内方可攘外"方针取得了明显的成效：由于熊文灿在湖广大力招抚，洪承畴、孙传庭在陕西围追堵截，张献忠等部陆续受抚，李自成等部遭受重创，"十年不结之局"似乎可以看到结局的尽头了。

辽东的"战"与"和"

自明朝和后金交战以来，辽东防线一直是重中之重，它是明军唯一可以和后金抗衡的防线。仅在崇祯年间，辽东战场就出现了像杨嗣昌、袁崇焕、祖大寿、戚继光等一批优秀的将领，辽东就是明廷抵御后金入侵的第一道防线。

然而，崇祯继位以来，重用宦官，荒废朝政，导致了后期政治腐败，而且已经无法挽回，随后，朝中就出现了"主战派"和"主和派"。即便如此，明朝与后金的和议尝试始终没有间断过，不管是谁主动，也不管是什么用意。崇祯继位不到两个月，皇太极就派漠南蒙古敖汉部都令喇嘛捎信给崇祯帝，主动提出议和。在后来的时间里，皇太极又多次发出这样的提议。他不断给驻守辽东防线战场的关键人物写信，在写给宁远总兵祖大寿的信中说"欲通两国之好，共图太平"并准备派遣使者前往北京致祭已故皇帝（即熹宗），祝贺新君即位；同时也给总督袁崇焕写信，因袁崇焕在天启六年（1626年）辽东巡抚任上曾向皇太极试探议和的可能性，皇太极也致书袁崇焕表示两国通好的愿望，所以在袁崇焕以总督身份再次抵达辽东时，皇太极立即派人送信，明确表示"我欲罢兵，共享太平"。显而易见，这时的所谓和议只是皇太极的缓兵之计。

崇祯五年（1632年），皇太极在远征察哈尔部后，再次给明朝守边官员写信，并重申"我今开诚相告，惟愿两国和好，戢兵息战"；并与宣府巡抚沈启时订立盟约："明与满洲二国共图和好，谨以白马乌牛誓告天地……两国共遵守誓言，交好勿替，天地眷祐，世世子孙长享太平。"此时的崇祯还保留着当初的励精图治的作风，本来他是知道此次和议的目的和意义的，然而由于朝中主战派占上风，朝中大臣议论纷起，无奈之下，只好将沈启时革职遣乡，以平息争论，和议之事无人再敢提及。

崇祯十年（1637年），杨嗣昌出任兵部尚书后，为了全力对付内乱，想向清廷方面议和以缓和边境压力。杨嗣昌给崇祯提出了走出死局的三大执政方针：第一，必先安内然后才能攘外；第二，必先足食然后才能足兵；第三，必先保民然后才能荡寇。

于是辽东巡抚方一藻派遣一名"瞽人卖卜者"周元忠到清方透露口风。皇太极以为有诈，大臣中一些明朝降官则认为此人有来头——"必经奉旨"，应认真对待。后来的事实证明他们的判断是对的，方一藻透过监军太监高起潜始终与朝廷保持密切联系。周元忠受到使节待遇，清方表示：如有确议，即撤兵东归。

皇太极在给兵部尚书杨嗣昌的私人信函中说得比较明确，极力主张和议，共享太平。杨嗣昌在给崇祯帝的奏疏中对方一藻的建议加以说明，奏书中说："御边之策惟有关宁练兵三万，堪以不时出塞，乃堂堂正正之道。若欲行此，必须撤回近畿稍援之戍守，而后力拼关宁；又必削平中原之草寇，而后可宿储供亿……往年总理卢象升、总兵祖太乐剿贼方有胜算，势以边警撤回，遗憾至今。向使有人以计缓彼三年不来，贼已平矣。"作为兵部尚书，杨嗣昌是很有战略眼光的，他从全局出发进行分析，目的在于抓住时机，集中力量一举平定内乱。由于朝廷中争议一直存在，而崇祯帝此时也倦于战事，所以尽管崇祯帝内心表示赞同，可是他又不便明说，于是就折中批示，要方一藻、高起潜自己细细斟酌。此时，兵部尚书杨嗣昌再次上疏，针对朝中众多大臣反对议和、无视兵部的艰难处境，杨嗣昌对皇上仅批示"细酌"感到不满足和失望。于是他再次言辞激烈地上奏，一定要皇上明确表示"圣鉴允行""边臣乃敢从事"，在朝中引起很大震动。

针对这样关系明朝政局的事，崇祯帝没有明确表态，方一藻、高起潜当然也不敢妄猜圣意，如此一来，皇太极的和议就这样不了了之了。皇太极之前就说过"若不许，夏秋必有举动"，果然，到了九月间满族兵从长城墙子岭、青山口南下。不久，京师戒严，崇祯帝下令征调洪承畴、孙传庭入卫，使中原"安内"战场的兵力陷于空虚状态。

在辽东战场与清兵的对抗方面，由于朝中争议不断，崇祯帝在攘外与安内的决策上一直摇摆不定、犹豫不决。崇祯九年（1636年），崇祯帝把卢象升从中原五省总理调任宣大总督，这是一个失误的决策。然而，崇祯帝不仅没有弥补过失，时隔两年之后，他又把威震陕豫的洪承畴、孙传庭调往北方边防，导致杨嗣昌精心策划的"十面张网"战略功亏一篑。当时杨嗣昌就曾诚恳地向崇祯帝上奏说"贼未绝种，承畴、传庭宜留一人于彼镇压"，而崇祯帝拒不接受，以致酿成大错。如果当初按照杨嗣昌的意见与清议和，争取时间把中原内乱平定，那么以后的形势断不至于如此之糟。崇祯帝授权陈新甲秘密与清朝议和，在当时内外交困的形势下，不失为一时权宜之计，对内对外都是利大于弊的。到了功败垂成之际，机密泄露，引起不明真相的言官们一片反对，他们搬出春秋大义，以传统政治伦理来否定作为权宜之计的和议，使崇祯这样有政治主见的人也不敢理直气壮地力挽狂澜，使和议中途夭折。经过此次波澜，他再也不敢与皇太极和谈。

辽东战场防线上和议的失败，从另一方面来说，也使明廷失去一次挽救危局的机会。此后，明廷便在战争的泥沼中越陷越深。

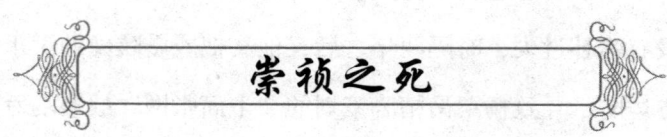

崇祯之死

李自成攻入北京

在李自成攻入北京之前,崇祯帝还有两种选择,一是南迁,二是调山海关外的吴三桂辽军入京,而崇祯帝也确实动过南逃的念头,即以亲征的名义"南下"。

可是,明朝的朋党斗争即使在王朝将要灭亡时,也没有消停过。阁臣们个个心怀鬼胎,唯恐皇帝走后自己会与太子一同留下死守北京,所以没有一个人出来明确表态。

因吴三桂部路远,短时间内不能到,崇祯帝只得令蓟镇总兵唐通和山东总兵刘泽清入援。刘泽清先谎称自己有病,得到朝廷赏银后,率部在临清一带抢掠一番即撤回原地。唐通率八千士兵很快抵京,但崇祯帝对其不放心,派出太监做监军。此举惹得唐通大怒,拉起队伍回到居庸关。兵临城下,崇祯帝顿失威严,让勋臣、太监们出钱饷军,也被纷纷搪塞,身为皇帝岳父的周奎仅捐银一万两,表示家中再无银两。日后刘宗敏"追赃",从周奎家抄出现银和金宝一百万两。李自成入京后,大板子大夹子

第五章 无力回天的崇祯

"伺候"，总共从这些蛀虫家里弄出超过七千万两的银子，皆在逃离北京时搬运出走。言归正传，唐通赌气退至居庸关后，于崇祯十七年（1644年）三月十五日开关求降。天险一失，北京城就在农民军面前敞开了大门。

崇祯十七年（1644年）三月十六日，昌平失守。明襄城伯李国桢统三大营京兵在城外迎敌，结果变成"迎宾"。得至城下，李自成派先前在宣府投降的太监杜勋入城，与崇祯帝谈判，提出如果明廷割西北一带给李自成，立其为王，犒军白银百万两，就退军河南，并表示还可为明廷内灭群贼、外遏清兵。

崇祯帝召大学士魏藻德计议，魏藻德恐蹈陈新甲后尘，鞠躬俯首，不发一言，气得崇祯帝挥袖将其斥出。

此时的北京守军仅七八千疲卒，精锐士兵均已被那些派出京城到四地监军的太监当护卫军调走。北京守城开始之际，还有人送饭，十六日后，送饭人也不见了，守城士兵竟有不少被饿死。后农民军开始大规模攻城。

第六章

清兵入关

李自成的农民起义军在北京夺取政权之后，只为满足皇帝梦，不知安抚民心，反而骄奢放纵、抢烧杀戮，丧失民心。山海关一役中，终在两军夹击之下，落荒而逃，迅速灭亡。而清兵则坐收渔翁之利，入主北京。而后清兵更是所向披靡，一路南下。南明政权不知团结，在清兵铁骑之下也显得不堪一击，终在血腥的杀戮下灭亡，从此江山易主。

短暂的皇帝梦

北京的四十天

  崇祯十七年（1644年）三月十九日至四月二十五日，李自成领导的起义军攻克北京，四月二十四日主动撤离。李自成的起义军在北京一共待了四十二天。

  崇祯十七年（1644年）三月十七日，李自成率领的起义军抵达京城，门外平则、西直、德胜三大营全部投降，十八日夜守门太监曹化淳打开彰义门投降，其他官军都溃散逃跑。第二天，李自成毡笠缥衣，骑马进入承天门，指着城门大声说："我能为天下主，则一矢中四字中心。"不料射中"天"字之下，李自成非常不高兴，此时丞相牛金星看出了李自成的心思，便上前说："中天下字，当中分天下。"李自成才稍微高兴起来，于是又以拔去矢头之箭向后射三箭，对天誓言，说："进京城，不杀一人。"李自成的起义军初进京城时，紫禁城城内一片宁静，秋毫无犯，全城百姓设香案，书"顺民"二字于门。明朝遗老遗少们少数以自尽甚至全家自尽的方式表示对前朝的忠心，而大多数则向起义军投降。

第六章 清兵入关

李自成入主北京后，立即登皇极殿，坐上御座。此时，虽然李自成的起义军已经占领北京城，但是由于是刚刚取得胜利，李自成还有起义军的安顿及前朝遗留的问题等很多迫在眉睫之事等着去解决和处理。民心初定，李自成及集团要想取得长治久安，就必须解决以下问题：

第一，追查崇祯的下落。虽然李自成已经登上皇位，但是没有见到崇祯（不管崇祯是死是活），他的心里总是不安的。为了找到崇祯，李自成悬赏黄金万两，寻找崇祯及皇后妃子。三月二十日，一些太监为了保全自己，献出了太子及二王子。随后，太子被送至刘宗敏住所，太子问刘宗敏："为何不杀我？"此时，李自成也在，李自成回答说："你无罪。"于是封明太子为宋王，并让刘宗敏好好抚养。直到三月二十三日李自成方知崇祯及皇后已死，盛入柳棺，置于东华门外，无人敢入一哭。三月二十七日，起义军改以帝礼殓帝后。四月初一，帝后厚葬于昌平，昌平州吏赵一桂率士民醵钱三百四十千，启田贵妃之墓，奉帝后合葬，李自成对安葬已故帝后一事采取了宽容的态度。同日礼政府焚太庙神主，迁太祖主于帝王庙。

第二，起义军的安置及给养问题。李自成率领的起义军一贯以流动方式作战，粮草给养并不正规。三月二十六日起义军下令前朝勋戚捐饷，自二十三日至二十五日造夹棍数千副，散授各用刑处，用以夹人。掠周奎家得现银五十三万。提督太监王之喜，旧称家贮现银三十万，逮至追银十五万及大量的金银器皿缎匹，起义军以"未合三十万之数"，将其夹死。魏藻德追银一万两，刘宗敏以为少，酷刑五日夜。刘宗敏派饷在京各降官，用者派少，令其自完，不用者派多，下令勒内阁银十万金，京卿、锦衣七万或五万、三万，给事、御史、吏部五万或三万，翰林三万或一万，部曹数千，勋戚无定数。一言不办，即夹。人人都可用刑，处处都可施刑，必做到人财两尽。对懿安皇后（熹宗的皇后）亦加以拷掠追金，李岩保护使之自尽。自三月二十七至四月初一被囚之人还多未放，有完银多而反被夹，也有完银少而不夹。此时已变捐饷为掠夺，不论勋戚、大小降官、乡绅及百姓，起义军人人都可追索，全城大乱，人人自危。起义军在京共计索银七千万两，其中大内各库银三千七百万，金若干万，当时崇祯曾令诸勋戚及官员助饷不成，今都被起义军夺得。起义军退后，大库尚有二十万，大内亦未全部搬空，都为清军所得。

第三，组建新的政权机构及处理前朝投降的官员。因政局刚稳，前朝官员逃散很多，很多岗位空缺，而起义军缺少这方面的管理，所以李自成下令，让吏政府、在京文武降官，一概报名汇察，选授官职，组建并完善朝政。

起义军一进城，李自成就急着要当皇帝，入主北京后，除了寻找崇祯帝和皇后妃子，这就是他最关注的事了。他的谋士和部下也是非常热衷于歌功颂德，其中牛金星、宋企郊等文人出身的首领对此事更为热衷，很多降官为了讨好李自成，也都纷纷进表劝进。

四月二十八日，李自成于英武殿匆匆称帝，立妻高氏为后。此时，清军已经趁虚而入，攻占了北京周边的多个城镇，随时准备进攻北京。李自成意识到自己无力抵抗清军的进攻，只能选择撤退。

同年五月二日，清兵在顺治帝的率领下入主京城，实现了多年来一统中原的夙愿。此时明朝的皇室并不死心，一心反清复明，然而，最终也改变不了被灭亡的命运。

第六章 清兵入关

李自成的悲惨结局

顺治二年（1645年），清军以红衣大炮攻破潼关，李自成避战，经襄阳入湖北，试图与武昌的明朝总兵左良玉联合抗清。然而，左良玉东进南京去南明朝廷"清君侧"征讨马士英时病死途中。四月，李自成入武昌，但被清军一击即溃。四月二十七日下午，大约申末酉初时候，李自成到了富池口（位于今湖北省阳新县境内）停下，沿路只经历了几个小时的战斗，但因为每次遇到敌军都有溃散的和投降的、被俘的，所以他大约只剩下三万人马，分散驻在富池口小街上和富水东西两岸。

顺治二年（1645年）五月，李自成在江西再败，同年战死于九宫山（今湖北省咸宁市境内）。

关于李自成的生死，大致有两种说法："九宫山被杀说"和"夹山终老说"。

《明史》《小腆纪年》《南疆逸史》及同治时期的《通山悬志》、嘉庆时期的《湖北通志》都赞成"九宫山被杀说"，这一说法的主要依据是阿济格向清廷的奏报和南明兵部尚书何腾蛟给唐王的奏报。阿济格在奏报中写道："反兵逃窜至九宫山中，我军随后搜遍全山，不见李自成，李自成身边的随从共二十人，被困，自缢而死。派遣一见过李自成者，前往辨认，但尸体已腐烂，不能够辨认，是生是死，继续追查。"何腾蛟所写的奏报说："在九宫山已将李自成斩首，首级不慎丢失。"但是不论是追击李自成的清军主帅，还是对李自成恨之入骨的南明王朝，当时对李自成都是生没见人、死没见尸,因此"九宫山被杀"一说便饱受质疑。

乾隆年间,《明史》刊行不久,湖南澧州知府何璘就曾著文反对《明史》的记载,认为那只是李自成"设疑代毙,以为缓追脱身之计",而确认李自成遁迹佛门,老死夹山灵泉寺。他经过实地考察,询问当地老人,认为李自成在九宫山并未死去,在制造死去的假象摆脱了清军的追捕后,他到达了湖南的澧州。但在从湖北至湖南澧州的过程中,大多数的部下见李自成大势已去,便纷纷另谋生路。于是到安福县境内,李自成甩开随从十余人,单独来到夹山灵泉寺削发为僧,成了夹山灵泉寺的祖师"奉天大和尚",法号"奉天玉",于康熙十三年(1674年)死于灵泉寺。此为"夹山终老说"。

"夹山终老说"一出,为很多人所接受。清末民初著名学者章太炎赞同"夹山说",据言他也到澧州进行过实地考察,还考察出李自成夹山隐居时,曾作诗百首来赞赏梅花,即《梅花百韵》,并搜集到其中的五首作为驳斥"九宫山被杀说"的依据。此外,一些出土的文物也成为"夹山说"的权威证据:奉天玉和尚墓及骨灰坛。20世纪50年代在奉天玉断碑上发现有"子门徒已数千指中兴"等句,完全是将领的豪言壮语。重修夹山寺时,又发现刻有《梅花百韵》诗的残版,上面残留九首诗歌;同时还发掘到"永昌通宝"铜币(永昌是李自成大顺政权的年号),刻有"永昌元年"字样的竹制扇骨、铜制熏炉等;并且奉天玉和尚墓出土的符碑上面,刻有四句四言偈语,十分接近李自成的家乡米脂的传统随葬符碑,其中有三句和在米脂地区出土的一块符碑上的三句完全相同,这与石门的传统发葬的习俗有明显区别。另外,奉天玉和尚有一弟子,法号"野拂",他就是李自成的侄子李过,野拂所撰的碑文为何璘的说法提供了有力证据。

"夹山终老说"似乎描述了李自成真正的归宿，但是此说也受到一部分人的质疑。首先他们对于何璘"奉天玉"即是"奉天王"这一观点进行了分析。反对者认为"奉天"不仅仅是古代帝王所用之说，"奉"字有承、信、遵等许多意思，"奉天"取尊天或信奉上天的意思有何不可？大和尚取此寓意作法号是非常正常的。而和尚以玉自名也不奇怪，用玉字取名的亦多得很，为什么非要说是王字加一点呢？所以将"奉天玉"说成是"奉天王"是非常牵强的。

其次，他们认为墓碑上"不知何氏子"是为李自成讳言这一说法也是讲不通的。因为和尚是"出家人"，不讲姓氏，这在我国佛教史上是很常见的。许多名僧，都是不留姓氏的，如人们熟悉的苏东坡的好友佛印和尚、袁子才《随园诗话》里写的饕餮和尚、《白蛇传》金山寺里的法海和尚，以及朱元璋尊敬的梵琦、忽必烈礼重的印简等大和尚，都是"不知何氏子"，所以也不能说碑文所言"不知何氏子"就是李自成的遁迹隐姓讳言。再次，何璘将起义军盘踞澧境六七年没有另推一个统帅一事作为李自成在夹山无恙的佐证也是站不住脚的。反对者认为，起义军是不是没有另推一个统帅，很难说。那是一支农民起义军的残部，即使有，也不会像起兵的时候那样有名气，为人们所周知，或许这些还有待进一步去验证。

张献忠身死

崇祯十一年（1638年），张献忠在湖北谷城接受明朝招安，并被授予副将一职，奉命驻地王家河。张献忠将王家河易名为太平镇，以表示与明朝休兵。崇祯十二年（1639年），张献忠重举反明的大旗，转战四川。崇祯十四年（1641年），张献忠破襄阳，杀襄王朱翊铭。崇祯十六年（1643年），张献忠占据武昌，并以武昌为根据地，自称"大西王"。崇祯十七年（1644年）八月九日，张献忠攻破成都，巡抚龙文光、蜀王朱至澍及其嫔妃全部自杀身亡。张献忠号称统率六十万大军，很快控制了四川大部分州、县。八月十六日登基成为大西皇帝，改元大顺，以成都为西京。

虽然张献忠一生杀人无数，但也略有些功绩。大西政权期间，张献忠开过六次科举，有四次是有些成效的，而有两次却以大屠杀为结局。这期间共产生状元四名。《纪事略》等史书记载，有个叫龚济民的儒生，在应试策内肉麻地吹捧张献忠品德超过尧舜，武功盖过汤武，张献忠看了心花怒放，更觉得他的名字好，是济世安民的好兆头，便将他第一个"抓举"为状元及第。有个老童生熊炳，中了探花，自然是欣喜若狂，但在廷试策中，他好心好意劝张献忠不要局限于蜀中做井底之蛙，要放眼全国，富有四海。张献忠认为这是讽刺自己，将熊炳凌迟处死，将其家中女眷打入娼门。

顺治二年（1645年），张献忠发诏举办"特科"，征集各地举人、贡士、监生、民间才俊、医卜僧道、隐士应试。"军法严催上路，不至者杀，比坐邻里教官"，"献忠调远近乡绅赴成都尽杀之。调各学生员听考，到则禁之大慈寺。齐集之日，自寺门两旁各站甲士三层。至南城献忠坐南城验发。如发过，前一人执高竿悬白纸旗一副，上书'某府某州县生员'，教官在前，士子各领仆从行李在后，鱼贯而行。至城门口，打落行李，剥去衣服，出一人，甲士即拿一人，牵至南门桥上斫入水中。师生主仆悉赴清流，河水尽赤，尸积流阻，十余日方飘荡散去，屠杀了'自进士以至生员二万二千三百有零，积尸成都大慈寺'"。

顺治二年（1645年）十一月二十二日，张献忠再次屠杀居民，然而有所不同的是，这次比以往更加残酷血腥，他此次决意杀光全城居民。按照他的计划，他先偷偷派遣一名士兵伪报某路敌军将到，将要开拔迎战。于是，部队趁机把守各处出城要道，以防百姓逃走，城内之兵遍搜各家铺户，驱逐百姓出城。由东南二门出，齐集沙坝桥边。残杀之后，成都为之一空，除少数官员外别无居民。荒凉惨象，不忍瞩目。张献忠剿灭成都后命令各乡镇村民移居成都。

当张献忠撤离成都时，再次下令焚毁全城，将诏劝进城者全部杀完。根据记载，当时的情景是"城内杂树成拱，狗食人肉若猛兽虎豹……民逃深山中，草衣木食，遍体皆生毛"。虎豹白日出没，清军入成都时为防野兽，只好夜宿城墙之上，如此可见张献忠的倒行逆施和残暴血腥。

顺治三年（1646年）初，顺治帝根据当时的局势，任命肃亲王豪格为靖远大将军，并和吴三桂等将领率满汉军队集中力量向大西义军进攻，想一举消灭这支威胁清政权的力量。

这场战斗进行得异常惨烈，清军大将格布库等均被义军杀死，义军的伤亡和损失也非常严重。因为缺乏粮食，再加上被各路敌军夹击，张献忠决意从四川撤出。张献忠自称"无为后人有也"，极端残忍暴虐：成都在唐朝时便是全国五大"温柔富贵乡"之一，却在一夜间被烧成了灰烬。被称为"天府之国"的四川，生产力遭受了覆灭性的打击，人口大幅减少，从而引发了由清朝之初开始的长达一百多年的浩浩荡荡的"湖广填四川"运动。

入主北京

多尔衮摄政安民

大清即将获得胜利之时，摄政王多尔衮却寝食难安，心乱如麻。

多铎贝勒说道："我们该怎么做呢？首先应该安抚民心。我认为我们在政策上一定要彻底地变一变，强行实施的东西必遭反噬。"他接着说道："明朝灭亡于起义军的崛起，我们如果不想重蹈覆辙，就应该以前车为鉴，改正不足之处。"

多铎说的话概括面很广，虽然没有一针见血，却是句句在理，不容反驳。

济尔哈朗贝勒紧接着说道："不错，得了城也未必是真的得了，不得民心是个很危险的预兆。李自成逼死崇祯帝，又把崇祯帝的尸体草草安葬，从这点上来讲，他已经给自己埋下了祸种。北京城里有数不清的明朝旧臣，看到李自成这么对待自己的故主，怕是也没几个敢出来为他效力的。就算我大清不来，他的统治权迟早也会被人从手里夺下来。除此之外，李自成这么做也给了大清一个堂堂正正的介入的理由。我们是为明'报仇'而来的，诛杀'流寇'是势在必行的。前面的'大事'我们都做到了，可是百姓大多从'小事'中寻理。我认为我们首先要做的就是以隆重的形式重新给崇祯帝发丧，这样肯定会得到百姓、亡明的旧官的支持。如果做到这一点，我们接下来再做其他事情受到的阻挠就少得多了。"

多尔衮深知，自己虽为摄政王，大权在握，但修改律法。做重大政体变革等事务，只有皇上才能定夺，即便是皇上也要和群臣商议才行。

顺治元年（1644年）五月初四，也就是在清军入京后的第三天，多尔衮给故明的官吏、遗老及兵民颁布了一条令旨：

"流寇"李自成，原本是明朝的百姓，却纠集败类，攻陷了京城，并且在万寿山逼死明帝；诸王、公侯、驸马等人被"流寇"以酷刑肆虐，官兵财货也尽数占为己有。这些都是人神共诛的事，其所行不能容。我虽然是敌国，却没有任何敌意，把"流寇"诛走，也是我国的责任。目前，全国要为崇祯服丧三日，我命礼部在太常寺为先帝重新厚葬，以使先帝上天之灵能够安息。

此令一发布，京城内顿时引起了一阵轰动。官民从惶恐中恢复过来，见清人竟然如此善待先帝，对其的态度大都改善，清人博得一片赞扬之声。从六日开始，原明百官、士民服丧三日。崇祯皇帝朱由检庙号"思宗"，谥号"端"皇帝，他与周皇后同葬在规模宏大的田妃墓中，他的陵墓名为"思陵"。

紧接着多尔衮又采取了另一项举措，他没有把大军完全带进北京城内，而是驻扎在城外，命大将把守城门，防止士兵随意进出京城，并且还下了一道严令：凡有军士随意出入百姓家中的，必当以死罪论处；进出城的军兵除非持有通行令牌，否则不予通行。八旗军队在多尔衮的严厉督促下，一改往日的杀掠政策，很快便赢得了京城内外百姓的信任。

他又取消了先帝曾指定的一条法令——剃发令，允许汉民照旧束发。努尔哈赤、皇太极在位时，把汉民剃发换服看成是归顺大清的标志，而多尔衮早就在不止一次的实施过程中看清了，这样做不仅不会让汉民归顺大清，反而煽动他们的反抗情绪。多尔衮意识到问题的严重性，如果剃发令继续实施下去，对清朝在北京的立足十分不利。他提前作出了让步，于五月二十三日发布命令，允许天下臣民束发，衣冠服饰也可以依照明朝服饰穿戴，这一举措进一步赢得了民心。

在短短两个月的时间里，北京城三易其主，这让北京的百姓和明朝的旧臣无不感到惶恐，在这样的情况下如何稳定人心就成了当务之急。多尔衮在这时所采取的一系列措施是非常有必要的。稳定了人心才有可能稳定局面，这也为后来顺治帝迁都北京做了一个很好的铺垫。

第六章　清兵入关

顺治振政威

李自成仓皇撤离北京城以后，京城内外的社会秩序在经过两次换主之后已经相当混乱，人们对后入主北京的满族贵族怀有严重的恐惧心理。更为严重的问题是，之前李自成农民军大量占用粮草，撤离时又将京城中的粮草运走，造成百姓生活极其困难。形势严峻，刻不容缓，稳定北京，站稳脚跟，对清朝未来的发展，以及能否实现全国统一关系重大。摄政王多尔衮果断采取了措施，实施新政策，力图扭转混乱的局面。

在经过深思熟虑并和诸贝勒大臣商讨后，他拟定了一套方案，针对现状彻底改变了往日的一些策略，把重点放在赢得民心上。他认为，虽然得了京城，如果没有得民心，这和守着一块空地没什么区别，相反还有可能滋生民众起义的苗头。按照现在的形势来看，政策需一步一步来实施，这样会避免不少问题，多尔衮采取的措施有效地缓解了入京时期的过渡问题。顺治七年（1650年）十二月，摄政王多尔衮病逝。顺治八年（1651年）正月，刚刚十四岁的顺治皇帝正式亲政。他继续施行多尔衮摄政时期的各项政策，严整吏治，严惩贪污行贿等犯罪者，力图建立廉明政治。

顺治和先前的清帝不同的是，他是在安定的环境中成长起来的皇帝，虽然没有先帝那般骁勇善战，但在理论学识上更加博学。多尔衮在政期间所做的事，他早就看在眼里。在严惩贪官上，多尔衮屡次尝试改善。顺治认为，问题恰恰出在时间和力度上，以当时的背景而言，多尔衮能够做到严惩贪官已实属不易，而现在自己亲政正好可以抓住这一点，一来可以证实自己的实力，二来可以让国家更为安定。顺治把这点作为亲政后首先要解决的问题。经过一番深思熟虑后，顺治认为，如果想杜绝贪污受贿之风，必须从各个角度，下大力气去解决。

顺治开始不断发出指示，在各省设总督、巡抚、都御史、巡方、巡盐、巡视茶马等御史，以作监督。但是到了顺治十二年（1655年），"贪风"依然不息，于是顺治加大了力度，制定了更为严厉的法律，同贪官污吏进行斗争。

顺治十五年（1658年）十一月，江南按察使卢慎言贪赃数万两银子，数额巨大，顺治核实后，将卢慎言凌迟处死。

自顺治八年（1651年）到十七年（1660年），九年中，顺治亲自处理的贪污案件达四十五件。可以肯定，顺治对贪污受贿的从严惩治，是对腐败势力的沉重打击。顺治除了不断加大打击贪污腐败的力度，同时还不忘及时提拔重用贤德的人。顺治清除贪官污吏，淘汰一些庸官，选用有贤的人才委予重任。顺治把发现和选拔人才看作吏治的一个极为重要的方面，认为从一定意义上来说，这是"澄清吏治"的根本保证。顺治把惩贪和用贤结合起来，两者相辅相成，在其后的时间里确实有了实质性的作用。

从政治体制上来说，清朝的政治体制沿用了明朝的政治体制。在沿用体制的同时，也让明朝官场的腐败气息顺势渗透进来。当然这种官场的腐败也并不是明朝特有的，但却是明朝末年最为突出的问题，也是明朝灭亡最根本的原因。清朝作为一个刚刚建立的新政权，整顿吏治是必不可少的。顺治皇帝在打击贪污腐败方面所做的努力，使得清朝这一时期的官场风气相对较为清廉，也为之后盛世的开创奠定了很好的政治基础。

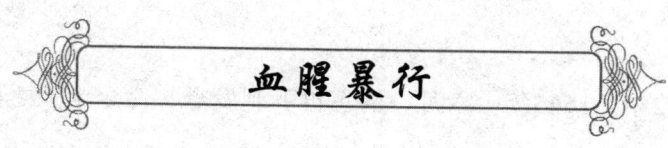

"扬州十日"

清顺治二年(1645年)四月,清兵在多铎的率领下,分兵亳州、徐州两路,向南推进,势如破竹,迅速占领了徐州、亳州、盱眙,并乘势下淮安,夺泗州,渡淮河。四月十九日,明将许定国引多铎师至扬州,扬州被清水陆各军重围。守将史可法统率军民,坚守孤城,同时,向弘光皇帝求援,弘光不应,扬州告急。四月二十一日,明总兵李栖凤、监军副使高岐凤拔营出降,形势更为危急。史可法等坚守城池,率军民浴血而战,历七昼夜。二十五日城破,军民逐巷奋战,大部壮烈牺牲。清军乘机诱降,史可法严词拒绝。清军主帅多铎先后五次亲自致书,史可法都不启封缄。清军纵兵屠戮,烧杀淫掠,无所不至,繁华都市顿成废墟,人民死亡在八十万之上。城破时史可法被俘,多铎劝谕归降,史可法说:"城存与存,城亡与亡,我头可断,而志不可屈。"遂英勇就义。史可法的部下在这种情形下,仍率余部继续鏖战,直至流尽最后一滴血。清军占领扬州后,纵兵屠掠,十日封刀,史称"扬州十日"。

嘉定屠城

顺治二年（1645年）六月，清军再下剃发令，命令十天之内，江南人民一律剃头，"留头不留发，留发不留头"，这严重伤害江南百姓的民族感情，于是纷纷起而抗清，其中嘉定人民的抗清尤为顽强激烈。闰六月十三日，剃发令下，群众开始准备反抗。清嘉定知县强制剃发，起义顿时爆发。城郊居民一呼而起，打败来剿清军，人民公推黄淳耀、侯峒曾出面领导抗清。降将李成栋率清兵猛攻，城中居民冒雨奋战，坚守不屈。清军用大炮轰城，始得攻入。侯峒曾投河死，黄淳耀自缢，城中无一人投降。清军愤而屠城，杀两万余人后弃城而去。次日朱瑛又率众入城，组织抗清，旋败，再遭清兵屠杀，杀了五十多万人。"市民之中，悬梁者，投井者，投河者，血面者，断肢者，被砍未死手足犹动者，骨肉狼藉。"清兵"悉从屋上奔驰，通行无阻。城内难民因街上砖石阻塞，不得逃生，皆纷纷投河死，水为之不流"；"兵丁每遇一人，辄呼蛮子献宝，其人悉取腰缠奉之，意满方释。遇他兵，勒取如前。所献不多，辄砍三刀，至物尽则杀"。清军围困嘉定城时，在城外，"选美妇室女数十人……悉去衣裙，淫蛊毒虐"。嘉定沦陷后，清军抢掠"大家闺彦及民间妇女有美色者生房，白昼于街坊当众奸淫；……有不从者，用长钉钉其两手于板，仍逼淫之"。"妇女不胜其嬲，毙者七人。"八月十六日，明将吴之藩起兵，反攻嘉定，亦败，嘉定第三次遭屠城，史称"嘉定三屠"。

第七章

康熙大帝开启盛世

一个帝国的缔造,必然有很多前人的积累和当政帝王的勤政图强。经历多年的炮火之后,清朝迎来相对的稳定。然而,内外的忧患却始终存在,这就需要一位具有雄才大略的君王来改变这一切。康熙除鳌拜,平三藩,收复台湾,御沙俄,治蒙古……在解了内忧、除了外患之后,休养生息,得文治武功,终成就了千古一帝,开创了康熙盛世!

康熙继位与四臣辅政

康熙，姓爱新觉罗，名玄烨，出生于顺治十一年（1654年）。八岁时，其父顺治皇帝去世，而让他继承皇位，第二年改年号康熙。"康"，安宁；"熙"，兴盛——取"万毛康宁，天下熙盛"的意思。

康熙登基时，清朝虽然已经建立，但国家正处于百废待兴的局面。而康熙虽然当了皇帝，但因为年幼，国家大事的决断基本掌握在四位辅政大臣手中。为避免出现顺治初年摄政王多尔衮擅权独断的局面，顺治决定不再由皇族宗室中的长辈摄政，而从外姓功臣中选拔了四位辅政大臣，以便相互制约，同时由皇族宗亲勋贵对辅政大臣实行监督，再由太皇太后对军国大政进行总裁。这样，康熙即位后，内有祖母太皇太后孝庄懿训，外有索尼、苏克萨哈、遏必隆、鳌拜四大臣辅政。这四位辅政大臣，索尼居首位，总掌启奏批红等大权，但年老力衰。排在第二位的苏克萨哈富有才干，但与鳌拜不和。其后的遏必隆则为人圆滑，不与人争锋。对权力最有野心的是鳌拜。四大臣辅政之初，尚不能纠结党羽，因此和衷共济，实践他们在顺治皇帝灵位前的誓言。但一段时间后，为了在索尼退下之后掌控朝政，鳌拜一方面拉拢遏必隆，一方面借圈地事件打击苏克萨哈，开始逐渐展露野心。

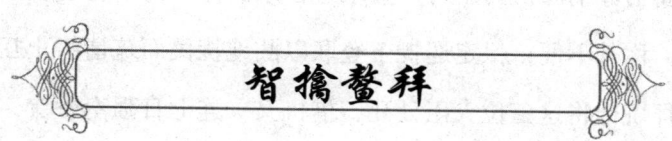

鳌拜摄政

顺治十八年（1661年），年仅二十四岁的顺治帝病逝。顺治死前留下遗嘱，任命自己最信任的索尼、苏克萨哈、遏必隆、鳌拜四人为辅政大臣，辅佐年幼的康熙执掌朝政。

康熙六年（1667年），康熙十四岁，辅政大臣索尼援引顺治十四岁亲政的祖制，疏请康熙亲政。康熙在征得祖母同意后，允索尼所奏，开始亲政。康熙六年（1667年）七月，十四岁的康熙正式亲政，在此之前一个月，索尼病故。

作为辅政大臣之一的鳌拜早就把誓言忘得一干二净，变得专横跋扈，居功自傲，盛气凌人，朝中文武官员多半都怕他。他一受"顾命"，就利用权势迫害和他意见相左的人。内大臣费扬古系开国元勋，因为同鳌拜有矛盾，便被陷害处死。顺治初年，摄政王多尔衮利用权势，曾将原定圈给镶黄旗的永平府一带的好地让给正白旗，而把河间府一带的次地给镶黄旗。这件事当时曾引起一场风波，但过二十多年，旗民各安生业，旧怨也已淡忘，鳌拜却旧事重提，让正白旗与镶黄旗互换土地，以讨好自己和遏必隆所在的镶黄旗，而打击苏克萨哈所在的正白旗。

这件事马上引起朝野上下的普遍反对。正白旗的人告到户部，大学士、户部尚书苏纳海认为不可；直隶总督朱昌祚以此举会造成数十万失业者而抗疏，称其不便；保定巡抚王登联以圈地扰民而疏请停止互换土地的举措。鳌拜矫诏将这三位大臣处死，借机又一连七日强奏矫旨，将辅政大臣苏克萨哈及其子孙全部处死，并抄没家产。鳌拜见康熙不准自己的请奏，竟公然在朝堂上与皇帝强辩，而且声色俱厉，毫不留情。康熙既怒又惧，但考虑到自己当时还无法与鳌拜抗衡，如果继续这样僵持下去可能会引起朝政动荡，便只得忍气吞声。康熙违心地批准了鳌拜的弹劾奏章，只是在行刑方式上将对苏克萨哈的磔刑改为绞刑，聊表对功臣苏克萨哈的关照。一代忠臣苏克萨哈最后竟遭遇灭门株族的惨祸。

鳌拜肆无忌惮，专横跋扈，不把少年天子康熙放在眼里。鳌拜目无君主，举朝震惊。

韬光养晦

清室入关后，朝廷先后组织了几次大规模的圈地运动，用掠夺来的土地赏封旗人。鳌拜借机大肆抢占土地，用荒地强换良田，侵吞了无数耕地。康熙曾派大学士苏纳海、直隶总督朱昌祚、巡抚王登联到蓟州、遵化等地开展调查，三人秉公处事，查清了鳌拜私占白旗封地、祸害百姓的罪行。鳌拜获悉，竟假传圣旨，做主处死了三位忠臣及其百余口家人。行刑当天，无数百姓哀哭不止，争相为其喊冤；朝廷上下也一片哗然，但大多数人都敢怒而不敢言；康熙虽然震怒，但无奈自己刚刚登基羽翼未丰，也只能强压心中怒火。康熙帝虽然内心对鳌拜极为不满，在表面上却不露声色。

康熙深知只有骗过鳌拜和他的那些眼线，才能有机会在暗中培植自己的力量，然后再寻找合适的机会将鳌拜一举擒获①。

谋划已定的康熙，就召见了自己最亲密的小侍卫，也是他当时唯一能够相信的臣子——已故的首席辅政大臣索尼的儿子索额图。他让索额图做了自己的侍卫。在索额图做侍卫的日子里，康熙一直不动声色地对他进行仔细的观察。经过很长一段时间的考察，康熙终于放下心来，将自己的全盘计划告诉了索额图。他以陪伴自己娱乐为名，让索额图在八旗子弟中挑选身体强壮的十来岁孩童进宫，共选了十余个，果然个个长得结实、机灵。康熙很高兴，让这些孩童天天练习并表演角斗、摔跤。

康熙就这样天天跟着这一帮孩童厮混在一起，其他的事情一概不问。一开始，鳌拜几天见不到康熙的影子还真有些坐不住，这位勇冠三军的清廷第一勇士，不光是勇武过人，论眼力、论心思也都有过人之处。虽然这时候康熙还只是个十几岁的孩子，但是鳌拜也不敢掉以轻心。他知道，这个少年皇帝也不好对付，年纪虽轻，心智却极为老练，稍有不慎，就会让自己身败名裂。

为了弄明白这个少年皇帝一连几天躲在深宫里到底在做些什么，鳌拜决定突然进宫一探究竟。这天早朝后，鳌拜又看不到康熙的影子，就派自己的眼线四处打探。得到消息后他直奔正在跟布库②少年一起"玩闹"的康熙，也不让太监们通报一声。

---

① 以下部分结合了野史、逸闻。
② 布库系满语，即满族摔跤，有时也意为"摔跤常胜者"。

看到康熙正满头大汗地跟这帮小孩子厮打在一起,鳌拜很疑惑,不知道康熙的葫芦里到底卖的什么药。

"皇上,臣有事要奏。"鳌拜在旁边站了一会儿看不出什么名堂,康熙也一直没注意到自己,但是也不能就这么走了,总要说点什么算作贸然闯入的理由。

"鳌中堂,有什么事儿早朝再说好了。你看看我的这几个布库,身手还可以吧?"康熙早就知道鳌拜的到来,但是一直装作不知道。这时候听到鳌拜说话,也还是表现得心不在焉,好像鳌拜的到来打扰了他的游戏,有些闷闷不乐的样子。

"陛下的这些布库自然不同凡响,不过布库也只是游戏而已。"对于康熙的不理会,鳌拜多少有些不满,再说这些布库少年也确实入不了这大清第一勇士的法眼。

"这么说,鳌中堂是瞧不上他们了?让他们来陪鳌中堂练练怎么样?"康熙还是装作少不更事的样子,一边说一边自己拍着巴掌。

"大清国的第一勇士玩儿布库,一定是难得的精彩。"勇武之人最经不得别人的言语相激,经康熙这么一说,鳌拜也是有些技痒,觉得也同时可以给这个少年皇帝一些颜色看看。于是他脱掉朝服,以一对十应对康熙的布库少年。一会儿的工夫,少年们就败在了鳌拜这个大清第一勇士的手下,躺在地上起不来了。

"鳌中堂果然是无敌于天下,不愧是大清的第一勇士。有鳌中堂尽心辅佐,朕还有什么好担心的呢?"看着躺在地上的布库少年,康熙对鳌拜一脸的畏惧和巴结,志得意满的鳌拜在康熙这样的神情中换上朝服一步步地走远。

上次进宫试探回来以后,鳌拜心中不免暗喜。康熙毕竟是个孩子,贪玩儿、胸无大志、不务政事，自己得以继续专权。但是为了进一步印证自己的这种想法，鳌拜又想出了一个主意来试探康熙。

在康熙早朝的大殿上，一向站在最前面的鳌拜接连好几天都没现身，他躺在家里装病，让人时时关注康熙的反应。

鳌拜不上朝的原因，康熙心知肚明。但是为了麻痹鳌拜，康熙装作焦急万分的样子，第一天不见鳌拜就派人几次询问病情。第二天见鳌拜又没来，就有些坐卧不安。到了第三天，索性连布库也不玩了，亲自到鳌拜的家里来探病。

听说康熙三天见不到自己连玩儿布库的心思也没有了，鳌拜心里非常得意，甚至康熙亲自来探病，鳌拜也还照旧在床上躺着。

"鳌中堂，身体好些了吗？这几日不见鳌中堂上朝，朕的主心骨都没了。"康熙也不管鳌拜什么神情，进来就在床边坐下，拉着他的手询问病情。

"陛下，臣该死，臣不能为皇上分忧，已经是惶恐万分了。今天又劳皇上亲自探视，臣真不知如何是好。"鳌拜虽在得意之时，也还是装作羞愧不已，像是挣扎着要坐起身来。康熙见状连忙扶他躺下，却在这时看到了鳌拜别在腰间的短刀。这一下非同小可，屋子里的空气马上变得紧张起来。康熙的护卫们已经把手按在了兵刃上，鳌拜也暗中较上了劲，想看看康熙会做出什么反应。

康熙看了一眼身边剑拔弩张的侍卫。

"大清是在马背上打下的天下，刀不离身是我们的习惯。鳌中堂是我们大清的第一勇士，自然也是刀不离身，如此多怪，真是大可不必。"

康熙在不经意间化解了一场灾难，带着仆从离开鳌拜的府邸。康熙对鳌拜的敬重、优礼，使鳌拜更加坦然，从此以后对康熙毫不戒备。

计除鳌拜

康熙八年（1669年）五月的一天，康熙单独宣召鳌拜进宫。这时候的鳌拜对康熙不做丝毫的戒备，接到诏书，就径直进宫来了。让他怎么也想不到的是，刚刚跨进宫门槛，脚步还没站稳，就见那些布库少年从两边一起朝自己扑过来。他们一拥而上，把鳌拜按住，还没等他弄明白是怎么回事，已被按倒在地上，权重势大的鳌拜就这样束手被擒了。

康熙立刻将鳌拜投入大牢，然后着手查清其罪行。在如何处置鳌拜的问题上，康熙考虑得非常周全。虽然当时有很多大臣都认为鳌拜罪大恶极，应当处死，但康熙念及鳌拜早年屡获战功，免其死罪，没收全部财产并终身监禁。随后对遏必隆也革去太师之衔，不过保留了其官职。同时，康熙还为苏克萨哈平冤昭雪，恢复了他的原官职。康熙刚柔并济的果断决策，使朝中大臣心服口服，朝廷的政局从此稳定下来。

铲除鳌拜的行动是一场斗智斗勇的夺权之战。少年康熙发挥自己的聪明才智，在对手麻痹大意的时候出其不意地先发制人，一举夺回皇权。从此，康熙亲政的道路顺畅了许多，那些原本飞扬跋扈、放肆骄横的大臣目睹鳌拜的下场，不禁心中恐惧，纷纷收敛言行，再也不敢为所欲为了。

这样，康熙不仅一举清除了鳌拜及其同党，而且稳住了镶黄旗。当时，康熙年仅十六岁，如此部署周密，沉着机智，处理得当，不失分寸，已初步展示了其卓越不凡的政治家风范和谋略。此后，康熙帝革除旧制，施行新政，勤于国事，好学不倦，重农治河，提倡文教，御敌入侵，统一山海，开创了"康熙盛世"的大好局面。

统一战争

平定三藩

康熙十二年（1673年），二十岁的康熙开始平定三藩叛乱。

三藩系指清平西王吴三桂、平南王尚之信、靖南王耿精忠。三藩的建立及其势力的形成，是清廷利用明朝降将平定及镇守南方的结果。清廷入关之后，因为八旗兵力不足，为了对付起义军及南明政府，不得不依靠明朝的降官降将，使之充当前驱，从事招抚工作及武力镇压。在明朝降将中，以孔有德、耿仲明、尚可喜、吴三桂四人替清朝出力最大，所以均受封为王，他们所率领的军队成为八旗以外的重要武力，在入关后替清朝效尽犬马之劳。经过二十年的斗争之后，坚决抗清的起义军失败了，这时清廷把八旗基本力量放置在北方，以保卫京师及驻防各重要城池，而南方就暂让吴三桂等去镇守。吴三桂驻云南，尚可喜驻广东，耿精忠（耿仲明之孙）驻福建，这样便形成了三藩。三藩之外，还有孔有德的势力存在。孔有德同起义军李定国作战，自杀于桂林，其子也为李定国所杀，所以无人袭封，仅有一女孔四贞嫁孙延龄，清廷即以孙延龄为将军代领其众，驻守桂林。

三藩之中，吴三桂的势力最大，也最为跋扈。其藩兵定制有五十三个佐领，一佐领有甲士二百，系五丁出一甲，计有壮丁五万余，此外又有绿旗兵一万两千人。这些军队都是其私属，将领皆其死党。其军事实力是极其雄厚的，兵数总计不下十万。因此，清廷对之颇存顾忌，一切不敢过问，假以专制云、贵二省的一切大权。当时清廷所给云、贵二省督抚的敕书，都要写入"听王节制"四字。吴三桂可以随意题补官吏，号曰"西选"。凡朝廷所选文武官到云南，吴三桂即派人加以收买，使之卖身藩下，以为己用。吴三桂在经济上也有很大的势力，他占据明代世镇云南的沐氏庄田七百顷作为藩庄，又和西藏的达赖喇嘛在北胜州互市，以茶换取蒙古的马匹。又派许多人出去做生意，贩运辽东人参及四川的黄连、附子，以牟取利润。他曾大量地贷钱给商人使用，谓之藩本。他强征关市之税，开矿鼓铸。吴三桂欲效明代沐氏故事，世守云南，所以从各方面培植自己的势力，以求达到这个目的。

尚、耿二藩其下兵各有十五佐领，又绿旗兵各有六七千，并且也是经商括财，强征市税，遍置私人，坐地称霸。从顺治朝开始，清廷的军费开支浩大，每年入不敷出。以顺治十七年（1660年）为例，国家正赋收入银八百七十五万两，而云南一省就要支出银九百多万两。尽全国财力，也不足一藩之需求。到康熙初年，这种财政困难仍未见好转。由此，除去鳌拜后，三藩就成了康熙最大的心病。

康熙十二年（1673年）春，撤藩的机会来了。尚可喜上书想归老辽东，以其子尚之信袭其王位，留在广东。康熙帝批准尚可喜告老还乡，但不让他儿子接替平南王王位，这一来触动了吴三桂、耿精忠（耿继茂之子）。他们也上书告老，假惺惺地主动提出撤除藩王王位，试探朝廷。康熙于是抓住时机，决定三藩俱撤。当时，朝廷上下主张不可撤藩的占绝大多数，认为撤藩将促使三藩反叛，支持撤藩的只有兵部尚书明珠、户部尚书米思翰等少数官员。年轻的康熙力排众议，说："三藩等蓄谋已久，不早除之，将养成患，今日撤亦反，不撤亦反，不如先发制人。"

撤藩之令既下，吴三桂首先于这年十一月杀云南巡抚朱国治，自称"天下都招讨兵马大元帅"，蓄发，易衣冠，发布檄文，倡言"兴明讨虏"，呼清皇帝为满酋。吴三桂想以恢复明朝做幌子，用以收拢人心，但其背叛明朝的行为早已昭昭于人耳目，所以恢复明朝的旗帜并不能骗人，不但得不到广大汉族人民的同情和支持，甚至连明朝尚存的遗老也无人出来理睬他。不过，吴三桂的发难也鼓动起一个很大的反清浪潮。京城里有杨起隆举事，察哈尔有阿尔尼叛乱，京师又发生地震，太和殿又失火，康熙爱后赫舍里也崩逝。朝里与朝外，外叛与内变，天灾与人祸，一齐落在青年康熙的身上。一时间人心惶惶，京师不少官员甚至把家眷送归了老家乡里。吴三桂军以破竹之势，由云、贵直冲湖南，长驱至岳州，将湖南全省尽为占有。吴三桂又分军犯四川，四川提督郑蛟麟、巡抚罗森、总兵谭宏及吴之茂均降，四川全省皆下，于是，云南、贵州、湖南、四川四省尽入吴三桂之手。吴三桂兵锋甚锐，一时响应者四起：在福建有靖南王耿精忠；在广东有总兵刘进忠、平南王尚之信；在广西有将军孙延龄；在陕西有提督王辅臣；在湖北襄阳有总兵杨来嘉；在河南彰德有总兵蔡禄。这样一来，中国西南全部和东南沿海地区，以及中原、西北一带，都骚动起来，战火弥漫十数省。

沉着冷静是杰出政治家的基本素质，康熙在危急时刻，坚持镇定，心静不慌。原来主张不可撤藩的大臣索额图等提出要处斩建议撤藩的大臣，康熙义正词严地说："撤藩是朕的主意，他们何罪之有？"

这一表态坚定了大臣平叛的决心。康熙首先下诏削去了吴三桂的王位，公布其罪状，不久又将留居京城的吴三桂的儿子吴应熊、孙子吴世霖等逮捕处死。

吴三桂开始打了一些胜仗，后来清兵越来越多，越打越强，吴三桂渐渐支撑不下去了。康熙十五年（1676年），陕西的王辅臣和福建的耿精忠先后投降清朝。次年，广东的尚之信也投降于清。吴三桂局促于湖南一隅，外援日削，而清岳乐之军已由江西进围长沙，其失败之势已成。康熙十七年（1678年），吴三桂已起兵六载，年已六十七岁，为排除胸中苦闷，乃于这年三月在衡州称帝，立国号周，建元昭武，大封诸将。但这是吴三桂穷蹙绝望的表现，未几即忧愤成疾，这年八月病死。吴三桂一死，其势即土崩瓦解。清军得到吴三桂水师将领林兴珠的献策，乃击败吴应麟，攻下岳州。以后占据四川，进攻云贵，主要也是依赖汉将赵良栋、王进室、蔡毓荣、董卫国等的力量。康熙二十年（1681年），清军分三路攻进云南昆明，吴世瑶自杀而死。康熙二十年（1681年）冬，清军进入云贵省城，吴三桂之孙吴世璠自杀。

这样，经过八年的平叛战争，康熙终于取得了削平三藩的胜利。

平定三藩，清廷才真正在关内完成了全国的统一，稳定了政权，从此才能够开始从事行政和财政经济的调整改革。

收复台湾

康熙元年（1662年）五月，郑成功病逝，在其弟郑世袭与其子郑经为争继承权火并之时，清廷曾派人招抚过郑经，但未成功。不过与此同时，清廷派兵相继收复了厦门、金门等郑氏控制的沿海五省主要据点。康熙六年（1667年）和八年（1669年），清廷又派官员赴台招抚，均遭拒绝。郑经企图继续割据独立，要求像朝鲜、琉球一样保持藩属关系。康熙认为台湾皆闽人，不能和其他地区相比，坚决不许台湾独立，这显示出康熙在政治上的高瞻远瞩和雄才大略。三藩之乱，郑经乘机出兵攻占福建、广东沿海七府，但清廷仍将他与三藩区别对待，命前线指挥官对耿精忠宜用"剿"，而对郑经则用"抚"，并对招抚的条件做出重大让步。

当招抚再次遭到拒绝后，清廷将招抚重点转向郑氏部属，正式提出"招抚条例十款"，并在漳州设"修来馆"，对投降官兵实行厚礼款待，给予高官厚禄等优待政策，结果郑军中的投诚者接踵而来。康熙十九年（1680年），仅郑氏部将朱天贵一人，就率所部两万余人和三百余艘船来降，为清军建立强大的水师奠定了基础。随后清军乘势收复东南沿海诸岛，使郑氏失去进攻大陆的前沿基地，并逐步掌握了统一台湾的战略主动权。

康熙二十年（1681年）四月，郑经病逝，其内部又发生争位冲突。权臣冯锡范等杀害了郑经长子郑克臧，立次子郑克塽继位，台湾内部一片混乱。康熙帝认为武力收台的时机已经成熟，于同年六月发布了攻取澎湖、台湾的命令，又力排众议任命原郑成功部将施琅为福建水师提督，与福建总督姚启圣共同筹划攻取澎湖、台湾的方略。

到康熙二十一年（1682年）夏，进军的准备工作已基本就绪，但在如何攻取台湾的方式上，姚启圣与施琅发生了争执。姚启圣主张等候北风，直取台湾，然后再取澎湖。施琅则主张乘南风先取澎湖，夺其门户，台湾不攻自破。双方争执不下，施琅密奏康熙帝，请示给予专征之权。

康熙二十一年（1682年）秋，三藩之乱被清政府平定后，康熙王朝政权得到巩固。在对待台湾的问题上，康熙态度开始强硬，以武力解决台湾问题被提上日程。在李光第等人的大力推荐下，施琅再次出任福建水师提督一职，加太子少保衔。康熙帝知道施琅有海上作战经验，为避免姚施二人相互掣肘，决定令施琅一人独掌专征台湾的指挥权，令姚启圣负责粮饷。施琅上任后便开始整饬军队，事必躬亲，短短几个月就使原本杂乱无章的水师焕然一新，兵精船坚。

康熙二十二年（1683年）六月十四日，施琅率各种战船二百三十余艘，官兵两万多人，由铜山直扑澎湖。刘国轩原以为澎湖列岛防御坚固，六月份又是台风多发季节，施琅不会贸然出兵。因此，当十五日清兵水师突然出现在澎湖海域时，守将刘国轩惊慌不已，急令各岛守军严加防御。次日，施琅率水师进攻澎湖，郑军列船迎战。激战中，双方开始不分胜负，后来落潮时，施琅座船搁浅，郑军乘机集中炮火向施琅座船猛轰，施琅右腿被击伤，清军旗舰遇险，余船合力进前打退围攻，救出施琅。傍晚，清军撤出战斗，退泊西屿头。第二天，施琅总结了昨日海战失败的教训，根据郑军船少、清军船多的特点，制定出五船结为一队、围攻敌一船的"五梅花"战术。十八日，清军攻取了虎井、盘桶屿，随后又以老弱骄兵之计，小船队佯攻澎湖内外堑，以分郑军兵势。

郑克塽得知施琅征台的消息，非常紧张。这时郑军刚好破获了清军间谍所写关于澎湖防备情况的密信，知道了清攻台的重点，于是命大将刘国轩为总督，率大小战船二百余艘，水步兵两万余人，守卫澎湖。郑军在妈祖宫、四角山、中心湾、鸡笼屿等处修筑炮台，凡小船可登陆处，皆筑矮墙，分兵把守。刘国轩将座船停泊于中心湾，指挥作战。

六月二十二日，清军强攻澎湖本岛，与郑军在澎湖海域进行了空前规模的海战。施琅将部队分为三路,命陈蟒率五十艘战船组成左路船队,自己率战船一百三十六艘组成中路船队,直攻妈祖宫炮垒。清将林贤、朱天贵率先冲入敌阵,各船也争相靠近敌船,然后以"五梅花"战术,五艘战船围攻敌一艘战船。澎湖海面炮火矢石如雨,烟火蔽天。战至下午,南风大作,清军处于上风,各船扬帆疾进,分割围歼敌船,锐不可当。经过一整天的激战,清军大胜,共击毁郑军大小战船一百九十艘,歼敌一万七千余人,而清军仅亡三百二十九人,伤一千八百余人。刘国轩见大势已去,率残部逃回台湾,自此郑军主力全部覆没。

郑克塽见澎湖失守,精锐丧尽,无力抵御清军,只得遣使赴澎湖请降。

对于先前的"迁界"(清政府为切断郑氏与沿海人民的联系而下令沿海居民内迁),施琅并不认同。他曾分析道:"自古以来的帝王政权,无不拓展疆土,怎么能得之又弃呢?"可惜,他的观点一直没有被采纳。平定台湾后,施琅再次向朝廷提起这个问题,请求朝廷允许内迁的居民返回家园,最终得到朝廷的批准。于是,人们返回故土,重新开垦土地,从福建到广东,良田一望无际。

施琅平定台湾的消息传到京城时,正是中秋普天团圆之日。得知台湾的反清复明势力被肃清,康熙喜出望外,对施琅大加褒赏,封他为"靖海侯",世袭罔替,并令他统领福建水师,牢牢镇守中国东南沿海的大门。八月十一日,施琅率军到台湾受降。施琅驻守台湾,鞠躬尽瘁,于康熙三十六年(1697年)死在任上。

康熙收复台湾后,又开府设县,加强了中央对台湾的管辖,促进了台湾经济文化的发展。

雅克萨反击战

雅克萨位于黑龙江省漠河县以东黑龙江北岸（今俄罗斯阿尔巴金诺）。黑龙江流域自古以来是中国的领土，满族的祖先肃慎族就生活在这里。从唐到明的历代朝廷，都在这里设置行政机构，行使管辖权。十七世纪上半叶，沙俄国力迅速增强，向外急剧扩张。自明崇祯十六年（1643年）起，沙俄远征军曾多次入侵黑龙江流域，烧杀抢劫，四处蚕食。

明崇祯十六年（1643年）夏，沙俄雅库次克长官戈洛文派波雅科夫率兵一百三十三人沿勒拿河下行南侵，于这年冬天越过外兴安岭，侵入中国领土。十一月，这些侵略者到达精奇哩江（今结雅河）中游达斡尔头人多普蒂乌尔的辖地后，四处抢掠，灭绝人性地杀食达斡尔族人，被黑龙江地区人民称为"吃人恶魔"。次年夏初，精奇哩江解冻后，这伙匪徒闯入我国东北部最大的内河黑龙江，沿途遭到我国各族人民的抗击。

清顺治三年（1646年），波雅科夫率领残部经马亚河、阿尔丹河进入勒拿河，逃回雅库次克。波雅科夫回去后扬言，只要派兵三百，修上三个堡寨，就能征服黑龙江。波雅科夫带回的有关黑龙江流域的情报和他武力侵入黑龙江流域的打算，引起了沙俄当局的重视和赞许。顺治六年（1649年），雅库次克长官派哈巴罗夫率兵七十名从雅库次克出发，于这年末侵入黑龙江，强占达斡尔头人拉夫凯的辖区，其中包括达斡尔头人阿尔巴亚的驻地雅克萨城寨（今黑龙江左岸阿尔巴金诺），遭到当地人民的抵抗。哈巴罗夫将同伙交由斯捷潘诺夫率领，自己回雅库次克求援。次年夏末，哈巴罗夫率领一百三十八名亡命之徒，携三门火炮和一些枪支弹药，再次侵入黑龙江，强占雅克萨城，不断派人四处袭击达斡尔居民，捕捉人质、掳掠妇女、杀人放火。九月底，哈巴罗夫又率领侵略军二百余人，侵入黑龙江下游乌扎拉河口（今宏加里河）赫哲人聚居的乌扎拉村，强占城寨，蹂躏当地居民。英勇的赫哲人民奋起抗击，并请求清政府予以支援。顺治九年（1652年）二月，清政府令宁古塔章京（官名）海包率所部进击，战于乌扎拉村，打死沙俄侵略者十人，打伤七十八人。清顺治十五年（1658年）六月，宁古塔都统沙尔瑚达率战舰四十艘同侵略军激战于松花江下游，歼敌二百七十人。顺治十七年（1660年）宁古塔将军巴海率水军破敌于古法坛村，斩首六十余级，溺水死者甚众。

后来，经过中国军民的多次打击，侵入黑龙江流域的俄国侵略军一度被肃清。沙俄侵略势力又到雅克萨筑城盘踞，清政府虽多次警告，都无济于事。在同沙俄的长期交涉中，康熙帝看到，若非"创以兵威，则罔知惩畏"，于是决意征剿。同时也认识到"昔发兵进讨，未获蒇除"的原因：一是黑龙江一带没有驻兵，从宁古塔出兵反击，每次都因粮储不足而停止；二是沙俄侵略军虽为数不多，但由于"筑室散处，耕种自给"，加上尼布楚人与之贸易，故使其得以生存，于是造成我进彼退、我退彼进、"用兵不已，边民不安"的局面。

针对这种情况，康熙采取恩威并用、剿抚兼施的方略，即发兵扼其来往之路，屯兵永成黑龙江，建立城寨，与之对垒，进而取其田禾，使之自困，同时再辅以严正警告。

康熙采取了一系列措施，加强边防建设，准备剿灭沙俄侵略军：侦察地形敌情，派兵割掉侵略军在雅克萨附近种植的庄稼，又令蒙古车臣汗断绝与俄人的贸易，以困毙和封锁侵略者；屯戍要地，康熙二十一年（1682

年）十二月，决定调乌喇（今吉林市北）、宁古塔兵一千五百人往黑龙江城一带，驻扎瑷珲、呼玛尔（今呼玛南）。后鉴于两处距雅克萨路途遥远，令呼玛尔兵改驻额苏里（今俄斯沃博德内西南）。次年七月，宁古塔副都统萨布素率军进驻额苏里。九月，确定在瑷珲筑城永戍，预备炮具、船舰。同时派乌喇、宁古塔兵五六百人、达呼尔（今黑龙江嫩江市）兵四五百人，调往瑷珲一带，同时修整战具，设置驿站，运储军需。

这些措施，适合当时东北边防斗争的需要，这是因为黑龙江至外兴安岭地区距东北腹地遥隔数千里，同沙俄这样的入侵者斗争，单靠当地人民的部落武装是无法制止其侵略的。必须筹划全边，扼要屯兵戍卫，在适当地点控制一定兵力做机动，才能对付沙俄飘忽不定的反复侵扰。为此，需要建立相当数量的驿站和粮站，开辟水陆交通线和筹集运输工具，从而保障反击作战的胜利，并在反击胜利后建立一条较完整的边界防守线，才有利于长期的边防斗争。

康熙二十二年（1683年）九月，清勒令盘踞在雅克萨等地的沙俄侵略军撤离清领土。侵略军不予理睬，反而率兵窜至瑷珲劫掠，清将萨布素将其击败，并将黑龙江下游侵略军建立的据点均予焚毁，使雅克萨成为孤城，但侵略军负隅顽抗。康熙二十四年（1685年）正月二十三日，为了彻底消除沙俄侵略，康熙命都统彭春赴瑷珲，负责收复雅克萨。

同年四月，清军约三千人在彭春统率下，携战舰、火炮和刀矛、盾牌等兵器，从瑷珲出发，分水陆两路向雅克萨开进。五月二十二日抵达雅克萨城下，当即向侵略军头目托尔布津发布通牒。托尔布津恃巢穴坚固，有兵四百五十人，炮三门，鸟枪三百支，拒不从命。清军于五月二十三日分水陆两路列营攻击。陆师布于城南，集战船于城东南，列炮于城北。二十五日黎明，清军发炮轰击，侵略军伤亡甚重，势不能支。托尔布津乞降，遣使要求在保留武装的条件下撤离雅克萨。经彭春同意后，俄军撤至尼布楚（今涅尔琴斯克）。清军赶走侵略军后，平毁雅克萨城，即行回师，留部分兵力驻守瑷珲，另派兵在瑷珲、墨尔根（今黑龙江嫩江市）屯田，加强黑龙江一带防务。

康熙二十四年（1685年）秋，莫斯科派兵六百增援尼布楚。当获知清军撤走时，侵略军头目托尔布津率大批沙俄侵略军再次窜到雅克萨。次年夏，康熙命令萨布素率军第二次进攻雅克萨，这次战斗十分激烈，持续了三个月。

康熙二十五年（1686年）七月二十二日，清军两千多人进抵雅克萨城下，将城围困起来，勒令沙俄侵略军投降，托尔布津不应。八月，清军开始攻城，托尔布津中弹身亡，沙俄侵略军改由杯敦代行指挥，继续顽抗。八月二十五日，清军考虑到沙俄侵略者死守雅克萨，必待援兵，且考虑隆冬冰合后，舰船行动、马匹粮秣等不便，于是在雅克萨城的南、北、东三面掘壕围困，在城西河上派战舰巡逻，切断守敌外援。侵略军被围困近一年，战死病死很多，八百二十六名侵略军，最后只剩六十六人。雅克萨城旦夕可下，俄国摄政王索菲亚急忙向清请求撤围，遣使议定边界。清答应所请，准许侵略军残部撤往尼布楚。

康熙二十八年（1689年）七月二十四日，中俄双方在尼布楚签订了《中俄尼布楚条约》，划分了两国的边界，肯定了黑龙江和乌苏里江流域的广大地区都是中国领土。这是中国历史上同外国签订的第一个平等条约，表明了康熙维护东北领土外交的胜利。

滋生人丁,永不加赋

清廷统一全国后,连年征战,人丁锐减。康熙年间,清廷采取了一系列的休养生息制度。由此,康熙对赋役制度进行改革。改革后的制度规定以康熙五十年(1711年)全国的丁数为准,此后达到成丁年龄的,不再承担丁役。康熙五十一年(1712年)二月二十九日,康熙宣布将丁银税额固定,不再增收,准备命令各省督抚将现行钱粮册内有名丁数永远作为定额,不再增减。对以后新生人丁(即盛世滋生人丁)不征钱粮,而丁银并不按丁计算,丁多的人户也只缴纳一丁钱粮。康熙五十五年(1716年)户部在研究编审新增人丁补足旧缺额时,除照地派丁外,仍实行按人派丁,即一户之内,如果减少一丁,又新添一丁,以新添抵补减少;倘若减少的有二三丁,新添的不够抵补,则以亲族中丁多人户抵补;如果还不够,以同甲中粮多人户顶补,抵补之后的余丁才归入滋生人丁册内造报。所以滋生人丁永不加赋办法施行后,又出现了新增人丁不征税、旧额人丁不减税的矛盾;而且,新增人丁很多,用谁来补充旧丁缺额是个问题,也很难做到苦乐平均。此后不久,雍正年间就在全国各地普遍实行了摊丁入亩的改革。"滋生人丁,永不加赋"实际上为雍正朝实行摊丁入亩奠定了基础,也是中国封建社会徭役向赋税转化的重要标志。

以农为本,兴修水利

康熙继位后,国内仍处在战乱之中,社会动荡,耕地荒芜,水灾、旱灾不断,农民过着食不果腹的生活。此时清朝需要做的就是重民生,抓农桑。康熙在逐步平定叛乱后,开始把目光放在民生问题上来。

康熙施行了众多举措,包括停止圈地、奖励开垦、废除旺赋、免除丁银、惩治贪官、兴修水利、劝农扶桑、救济灾荒、郊外观稼、奏晴雨折、改良品种、关切丰歉等。

康熙十一年(1672年)二月,康熙帝决定亲自到先农坛祀神耕田。这个决定其实在康熙心中酝酿已久了,不但可以表示自己大力发展农业的决心,还能为天下的百姓做一个表率。他把这个想法跟诸位大臣一说,马上得到了他们的支持,并且把祀神耕田的消息昭告天下。

同年二月二十日早晨,康熙身穿礼服,带领百官,从紫禁城出发,来到祀神耕田的地点先农坛。先农坛是历代皇帝举行祀神耕田的地方,但是自明永乐后,这地方就没有举行过一次这样的仪式。先农坛逐渐被人遗忘了,人们只知道京城里有个先农坛,面积不小,却不知道是做什么用的。

康熙四十二年(1703年),康熙在承德避暑山庄"甫田丛樾"亭旁开辟了御瓜圃和御稻田,他在田中种了各类蔬菜瓜果。御稻田又被称作"试验庄稼田"。

康熙四十三年（1704年），康熙的早御稻在避暑山庄试种成功，康熙便颁旨准许早御稻在各地推广种植，在很大程度上增加了水稻的产量。

古语道，打天下难，治理天下更难。清朝的天下是在马背上得来的，要想让先人用生命换来的江山永久稳固，就不得不从马背上走到田间地头来。康熙是一个难得的有为之君，文治武功兼备，不光能在马背上征战，也能在田间耕作。作为一个皇帝，康熙不可能整天在田间劳作，他种田无非是让自己知晓人民是天下的根本，想要江山稳固就要大力发展农业，解决天下百姓的生计问题。因他大力提倡农业和采取的一系列措施，清朝的经济在这一时期得到了较大的发展，清朝的发展进入了一个相对平稳的阶段。

康熙年间另一个大问题就是黄河水患。清初，黄河泛滥决堤十分频繁，顺治年间大的决口达十五次；康熙元年（1662年）至十六年（1677年），黄河大的决口竟达六十七次之多。农民处在水深火热之中，被迫背井离乡，流离失所，被洪水淹死者更是不计其数。虽然朝廷在一定程度上做了补救，但是效果不佳。康熙时，清朝处于政治的平稳期，朝廷开始把目光投向治水问题，准备花大精力、物资、人力把黄河问题彻底解决。

康熙自继位后，就把"平三藩"、"治黄河"作为两大必做之事，扫平三藩后，治理黄河马上就成了康熙的第一要务。他决定派个有能力的人去治水，经过筛选，康熙认为礼部尚书靳辅是最为合适的人选。康熙十六年（1677年）三月，康熙任命靳辅为河道总督治理黄河。

康熙二十三年（1684年）到二十七年（1688年），靳辅主持的治河工程已由下游转向中游。黄河中游是洪涝的多发区，靳辅在此下了很大功夫，修筑了很多减水坝。河身狭窄的地方是堤坝承受水压最大的地方，为了减少该处堤坝的压力，靳辅就在该处开渠引水，调节水量，然后再把引出来的水引到河面较宽的正河道，从而避免了水急冲垮堤坝的危险。

实际上，此时朝中有两种治理方案。以于成龙为首的一些大臣，主张另一种治河方案；而靳辅治水正在关键时期，他和陈潢等人坚持自己的做法。双方各执己见，争论不休。康熙便想了一个折中的办法，任命靳辅督理黄河堤岸，任命于成龙管理下河事务。这样一来，靳辅所做的工程就让给了于成龙。但是治河的分歧并没有因此而告终，相反愈演愈烈，最后演变成统治集团内部的政治矛盾和斗争。很快，靳辅成了这场斗争的牺牲品。

康熙二十七年（1688年）三月，康熙把靳辅革职，将陈潢入狱。后来康熙南巡时，眼见黄河堤岸修筑坚固，又闻听不少地方的农民都在称赞前任总督堤岸治水如何有能耐，康熙便觉后悔，当初自己不该听信谗言，革了靳辅的职，实在是鲁莽之举。之后，康熙重新任命靳辅为河道总督，但靳辅当年就在任所里逝世了。在靳辅去世以后的三十年里，靳辅的续任者于成龙等人基本上还是遵循了靳辅的治河方针。

康熙年间，黄河之水在近三十年的时间内没有出现过一次重大的决口事件。

兴盛科教，纂修典籍

康熙在位期间，重视文化教育，亲自主持编纂了许多重要的典籍，譬如《康熙字典》《佩文韵府》《清文鉴》《康熙全览图》和《古今图书集成》。康熙主持编纂的典籍有六十多种,大约有两万卷,是中华民族文化中重要的精神财富。

康熙非常热爱和精通汉族传统文化,大凡经、史、子、集、诗、书、音律,他都下过一番功夫。他不仅主持修《明史》,还亲自批点《资治通鉴纲目大全》。他对朱熹哲学钻研很深,常与一批著名的理学家进行水平较高的学术探讨,并命他们编纂《朱子大全》《性理精义》等著作。他派人实际测量全国土地,编成了全国地图《皇舆全览图》。在他的倡导下,社会文化气氛浓郁,涌现出了一大批在整个中国文化史上都可以称得上一流大师的人文科学家。

康熙喜爱研习自然科学,对医学很有兴趣也颇有研究。他命耶稣传教士巴多明将西洋《人体解剖学》翻译成满文、汉文。他曾下令将一只冬眠的熊进行解剖,并亲自参加解剖过程。康熙二十七年(1688年)十一月二十八日,白晋、孔诚等六位法国科学家在乾清宫接受康熙帝的召见,他们献上了从法国带来的三十件科技仪器和书籍作见面礼。这些非同寻常的礼品,令康熙帝十分高兴,当即决定召他们入宫,担任自己的科学顾问,从此开始了长达数十年的外国科学家在清朝宫廷从事科学活动的历史。

康熙年间的科教成就有:

(1)手摇计算机。世界上第一台手摇计算机是法国科学家巴斯比于1642年制造的,通过机器里面的齿轮进位进行计算。故宫博物院收藏了十台手摇计算机,都是康熙年间制造的,能进行加减乘除运算。

(2)铜镀金比例规。这原是伽利略发明的计算工具,可以进行乘、除、开方、平方等各种计算。康熙的比例规还可以进行平分、正弦等计算。

(3)康熙角尺。尺上镌刻有"康熙御制"四个字。

（4）平面和立体几何模型。全部由楠木精制，是清宫造办处监制的康熙学习几何学的教具。

（5）绘图仪套具。质地有银、木、漆、鲨鱼皮等，每套六至二十余件不等，套内有比例规、半圆仪、分厘尺、数尺、圆规、鸭嘴笔等。为适用野外作业，有的套具还配有刀子、剪子、铅笔、火镰、放大镜、黑板、画棒等。这类仪器是康熙时期清宫造办处依照西洋绘图仪制作的。

（6）御制简平、地平合璧仪。它是集简平仪、地平仪、罗盘、象限仪、矩度为一体的多功能测量仪器，携带方便，具有适合野外作业的特点。仪器分六层，由清宫内务府造办处制造。

另外，西方的自然科学著作《验气图说》《仪象志》《赤道南北星图》《穷理学》《坤舆图说》等被一一翻译过来，有的已经译成汉文的自然科学著作，如《几何原理》前六卷，康熙又命人译成满文。尤其值得一提的是，这些西方科学家的著作帮助康熙实施了中国地理大测绘这一伟大创举。